KB117691

미니멀 경제학

경제 개념과 원리 편

사랑하는 두 아들 인균과 승균에게

경제적 미성년들을 위한 최소한의 경제 수업

미니멀 경제학

경제 개념과 원리 편

한진수 지음

중앙books

개정판을
새롭게 펴내며

수업을 하러 강의실로 향하던 중 잠시 발걸음이 멈춰졌다. 복도에서 꽤나 진지하게 토론 아닌 토론을 벌이고 있는 학생들과 마주쳤기 때문이다. 웅성웅성. 소근소근. 행여 수업에 늦을까 잰걸음으로 지나치며 얼핏 들어도, 대화 주제를 단박에 알아차릴 수 있었다. 바로 최저임금 문제였다!

조금은 복잡한 마음에 다다른 강의실. 문을 열고 교탁 앞에서 섰다. 그리고 조금 망설이다 학생들에게 현재의 최저 임금 인상 정책에 대해서 어떻게 생각하고 있는지 물었다. 반응은 예상 밖이었다. 학생들의 눈빛이 순간 번쩍했다. 학생들이 수업 시간에 이런 호응을 보이는 것은 매우 드문 경우다. 어떤 대답들이 쏟아질지 흥미로웠다. 대부분 학생들이 아르바이트를 하고 있었고 최저임금에 해당하는 수당을 받고 있어서인지 뚜렷한 자기 의견을 갖고 있었다.

하지만 학생들의 대답이 이어질수록 내 몸 어딘가 한구석에 아쉬움이 자리하기 시작했다. 내가 경제학 수업을 제대로 하지 않은 걸까? 최저임금을 올릴 때 기대할 수 있는 효과, 즉 편익이 무엇이며, 반대로 그로 인해 우리가 부담해야 할 비용이 무엇인지를 꼼꼼하게 따지는 학생이 좀처럼 나타나지 않았기 때문이다.

아무 대가를 치르지 않고 공짜로 얻을 수 있는 것은 이 세상에 없음을 잘 알고 있을 텐데, 내가 그토록 "공짜 점심은 없다"고 힘주어 말했음에도 불구하고, 막상 경제 문제를 앞에 놓고, 편익과 비용을 비교하고 분석하는 학생의 모습은 찾기 어려웠다.

· · ·

그래서 그날 강의 주제는 바뀌었다! 다음에 이어지는 이야기다.

몇 년 동안 꾸준히 은행에 적금을 부어 뭉칫돈을 만든

사람이 있다고 하자. 그 사람은 지금 이 뭉칫돈을 어디에 투자해서 어떻게 굴릴지 고민 중이다. 몇 년 동안 꼬박꼬박 적금을 부었는데, 붙은 이자라고는 쥐꼬리만큼에 불과했기 때문이다.

때마침 주식으로 돈을 벌었다는 친구 이야기가 들려온다. 저금리 시대에 돈을 불릴 수 있는 최고의 수단은 주식 투자라고 생각한 이 사람은 앞뒤 가리지 않고 은행에서 뭉칫돈을 찾아 주식시장에 넣었다.

틀린 선택은 아니다. 전문가들도 주식 투자를 잘하면 은행 예금보다 높은 수익률을 얻을 수 있으며, 주식이 돈을 불릴 수 있는 좋은 수단이라는 데에 동의한다. 다만 여기서 우리가 잊지 말아야 할 사실은 이는 주식 투자에서 기대할 수 있는 편익이라는 것이다. 그 뒤에는 그림자가 있기 마련인데, 바로 '원금이 손실될 위험'이라는 비용이다.

그가 주식으로 돈을 벌었는지 아니면 잃었는지는 중요하지 않다. 굳이 알 필요도 없다. 수익성이라는 편익과 위험성이라는 비용을 철저하게 따진 후 주식 투자 여부를 결정하지 않았다는 것을 강조하고 싶을 뿐이다.

"이 세상에 공짜가 없다"는 경제의 기본 원리를 망각한 탓이다. 선택하는 과정이 훌륭하지 않더라도 좋은 결과가 나타날 수도 있다. 하지만 이는 우연에 불과하다. 운이 좋았을 뿐이다. 이러한 선택이 반복되었을 때, 같은 결과를 얻는다는 보장이 없기 때문이다. 한마디로 이 사람의 선택은 비경제적인 선택이었다.

훌륭한 결과를 위해서는 선택의 과정이 훌륭해야 한다. 하버드대학교의 경제학자 토드 벅홀츠Todd G. Buchholz는 "경제학이란 최선의 선택을 연구하고 실천하는 학문"이라고 말했다.

경제학은 '선택의 학문'이다. 사람들이 크고 작은 선택의 문제에 직면했을 때, 어떤 선택이 합리적인지를 체계적으로 따질 수 있도록 도와주는 학문이라는 뜻이다. 경제학은 우리 인생의 중요한 국면들에서 그리고 아주 일상적인 순간들에서 합리적인 선택을 돕는 든든한 도우미다.

경제학이 다루는 대상은 우리의 생활 모든 분야와 관련되어 있다. "경제학의 범위 = 우리의 삶"인 셈이다. 그래서였을 것이다. 영국의 유명한 경제학자 앨프리드 마셜Alfred Marshall이 "경제학이란 일상생활을 살아가는 인류를 연구하는 학문"이라고 정의했다. 복잡하게 얽혀 돌아가고 있는 세상을 유심히 관찰해 보면, 경제학의 원리가 곳곳에 숨어 있음을 깨닫게 된다. 경제학은 인류 역사와 함께 시작되었다는 말도 그래서 결코 과장이 아니다.

경제생활을 하지 않고 이 세상을 살아가기란 사실상 불가능하다.

용돈을 얼마나 쓰고, 미래에 대비해 얼마를 저축해야 하는가? 복잡한 휴대전화 요금제 가운데 어떤 요금제를 써야 합리적일까? 대학을 가야 하는지, 아니면 취직을 해야 하는지? 모처럼 맞은 휴가 기간에 어디로 여행을 가는 게 좋을까?

기업은 왜 물건을 더 비싼 가격에 팔지 않을까? 정부의 재정 정책이 나의 생활에 얼마나 영향을 미칠까? 지금이 집을 사기 적절한 시점일까? 정부는 왜 최저 임금을 정할까? 소득이 많은 사람에게서 정부가 세금을 많이 걷는 이유는 무엇인가?

경제학은 다양한 의문에 적절한 답을 찾는 일을 도울 것이다.

생물학적인 나이가 많다고 해서 독립적인 어른이 되지는 않는다. 경제적 결정을 혼자 힘으로 오류 없이 할 수 있어야 비로소 자신의 선택에 책임을 지는 성인이 되는 것이다.

《미니멀 경제학》은 이처럼 경제적으로 아직 미성숙한 사람들에게 세상을 살아가는 데 있어서 꼭 필요한 '최소한의 경제학'을 알려주는 책이다. 복잡하고 어려운 이론은 모두 걷어내고, 그야말로 일상에서 써먹는 경제학의 개념과 원리만을 쏙쏙 선별했다. 그중 제1권은 '경제학의 기본 개념과 원리'를 소개한다.

우리의 일상 도처에 숨어서 작동하고 있는 경제 원리를 파악하는 데, 그래서 앞으로 살아가면서 직면하게 될 여러 문제들을 해결하는 소중한 실마리를 찾는 데, 더 나아가 단 한 번뿐인 여러분의 인생을 스마트하게 설계하는 데, 이 책이 작은 도움이 되었으면 좋겠다.

2019년 겨울
한진수

1부

경제학자들이
지갑을 열기 전에
꼭
따져보는 것들

선택의 순간이 오면
누구나 햄릿이 된다

인생이란 선택의 연속

우리 인생은 선택에서 시작해서 선택으로 끝난다. 매 순간 선택을 해야 하는 상황과 마주한다. 그래서 프랑스의 철학자 알베르 카뮈Albert Camus는 "인생은 선택의 연속"이라고 말했다. "선택이란 우리가 죽을 때까지 결코 끝나지 않는 과정", "산다는 것은 선택하는 것"과 같은 말들 역시 선택의 불가피성과 중요성을 강조하기 위해서 나온 것이리라.

모처럼 한가로운 휴일, 영화를 한 편 보려고 해도 이 영화를 볼까, 저 영화를 볼까 고민한다. 스마트폰으로 영화

평점도 들여다보고, 흥행 순위도 살펴보고, 한참을 망설이다가 하나의 영화를 선택한다.

영화를 고른 다음에는 극장을 선택해야 한다. 조금 멀더라도 주변에 볼거리와 먹을거리가 많은 대형 극장을 찾을 것인지, 아니면 시설은 조금 떨어지지만 집에서 가까운 극장으로 갈 것인지를 결정해야 한다.

영화를 보고 나서 출출한 배를 채우기 위해 식당을 찾을 때도 마찬가지다. 영화 보는 데 적지 않은 용돈을 썼으니 싸게 분식집으로 갈까, 아니면 쓰는 김에 비싼 패밀리 레스토랑을 갈까? 스마트폰에 쿠폰이 저장되어 있으면 값이 비싼 패밀리 레스토랑의 유혹을 뿌리치기 힘들다.

여기서 끝이 아니다. 이번에는 메뉴를 선택해야 한다. 피자를 먹을까, 샐러드를 먹을까? 아니면 오랜만에 스테이크는 어떨까? 메뉴판을 펼쳐 보이며 주문을 도와주는 상냥한 점원이 있기는 하지만, 좀처럼 쉽게 고를 수가 없다. 한 고비 넘겼다 했는데 이번에는 음료가 속을 썩인다. 콜라가 좋을까, 주스가 좋을까? 상큼한 레모네이드는 어떨까?

"죽느냐 사느냐 그것이 문제로다." 다소 극단적이지만, 셰익스피어의 유명한 희곡 속 햄릿의 대사가 떠오른다. 패밀리 레스토랑은 그곳에 들어온 모든 이를 햄릿으로 만드

미니멀 경제학

는 마법의 무대다.

 한 해, 두 해 세월이 흘러가면 상황은 더욱 복잡해진다. 어느 대학에 갈까? 전공은 뭐가 좋을까? 결혼은 언제쯤 할까? 결혼을 해서 아이는 몇이나 낳을까? 어떤 직장에서 무슨 일을 하며 살아갈까? 소득의 얼마를 지출하고, 얼마를 저축하고, 어디에 투자할까?

 우리가 성인이 된다는 것은 중대한 결정을 내려야 하는 순간이 더욱 잦아진다는 것을 의미하기도 한다. 그렇다면 이 중요한 선택의 순간, 인생의 갈림길에서 커다란 힘이 되어주는 도우미는 없을까?

도우미를 찾기 전에 먼저 우리는 왜 선택하며 살아야 하는지를 생각해보자. 우리의 인생이 끊임없는 선택의 연속인 이유는 희소성scarcity이란 녀석 때문이다. 희소성이란 어려운 말 같지만 알고 보면 아주 쉽다. 게다가 늘 우리 주위를 맴돌며 우리가 어디를 가든 그림자처럼 따라다닌다. 우리가 해야 할 숙제, 패밀리 레스토랑의 비밀을 푸는 데도 결정적 단서를 제공한다. 잠시 길을 돌아서 가자.

설날 세배를 드리면, 어른들은 올 한 해도 건강하게 지내라는 덕담과 함께 세뱃돈을 주신다. 세뱃돈으로 1만 원을 받았다고 하자. 이 돈으로 영화도 보고 싶고, 햄버거도 먹고 싶고, 게임도 하고 싶다. 그러나 불행하게도 1만 원을 가지고는 이 모든 일을 다 할 수 없다. 이때 우리 수중에 있는 돈을 보고 '희소하다'고 이야기한다. 이것저것 다 하고 싶지만, 그 욕구를 충족시키기에 돈이 부족한 상황을 일컫는다.

돈이 희소하다고 해서 아무 일도 하지 않고 자포자기해서는 안 된다. 무엇이라도 해야 한다. 이왕이면 가장 만족스러운 일을. 즉 우리는 희소한 1만 원을 가지고 무엇을 하면 가장 큰 만족을 얻을 수 있을지를 선택해야 한다. 이것이 합리적 선택이다.

그런데 단순히 '부족하다'는 것만으로는 경제학의 중요한 개념인 희소성을 설명하기에 충분치 않다. 좀 더 정확한 이해를 위해서는 사람들이 흔히 범하는 희소성에 대한 몇 가지 오해를 걷어내야 한다.

희소성에 대한 몇 가지 오해

흔히 사람들은 자원이나 물건, 돈 따위가 드물고 적은 상태를 '희소하다'라고 이야기하는데, 잘못된 생각이다. 아마도 국어사전에서 '희소하다'를 '찾아보기 힘들 정도로 드문 것을 뜻함'이라고 정의하고 있는 탓인 듯하다.

경제학에서는 절대적인 양에 의해서가 아니라 상대적인 의미에서 희소성이 중요하다. 어떤 재화가 아무리 많더라도 사람들의 욕망을 충족시키기에 부족하다면 경제학에서는 그 재화를 '희소하다'고 한다. 반대로 재화의 수량이 아무리 적더라도 사람들이 그 재화를 원하지 않는다면 그 재화를 '희소하지 않다'고 이야기한다.

지구에는 셀 수 없을 만큼 많은 나무가 있다. 수학적으로 표현하면 나무의 수는 거의 무한대에 가깝다. 그러나 사람들의 욕구, 예를 들어 집도 짓고 땔감도 만들고 종이도 만드는 욕구를 충족시키려면 그 나무들로는 부족하다. 그래서 경제학에서는 나무를 희소한 재화라 규정한다. 단순히 산이 황폐해서 나무가 희소하다고 말하는 게 아니다.

이번에는 워크맨을 예로 생각해보자. "워크맨이 뭐야?" 하고 물어보는 사람도 있을 것이다. 휴대하면서 음악을 들을 수 있는 작은 기계로서 한때 대유행했었다. 요즘은 파일로 음악을 듣고 있으니 사용하는 사람이 사라졌다. 그러니 요즘 세상에 워크맨을 거들떠보는 사람은 없다. 당연히 우리나라에 존재하는 워크맨의 수량은 나무의 수와 비교하면 턱없이 적다. 하지만 비록 수가 적더라도 사람들이 갖기를 원하지 않기 때문에 워크맨은 희소하지 않은 재화다.

패밀리 레스토랑에 가면 왜 메뉴를 고르기 힘든 걸까?

우리를 햄릿으로 만들었던 그곳, 패밀리 레스토랑으로 돌아가보자. 이국적인 분위기와 세련된 조명, 톡톡 튀는 의상의 점원들까지, 연극 무대가 따로 없다. 이곳은 경제학자인 나조차 매번 난감하게 만들곤 한다. 다양한 요리들로 가

22

득한 메뉴판을 보면, 내가 뭘 먹으려고 했는지조차 잊어버리게 된다. 이것도 먹고 싶고, 저것도 먹고 싶다. 패밀리 레스토랑의 문을 열기 전까지 잠자고 있던 욕구가 하나씩 고개를 내밀기 시작한다.

하지만 가격이 만만치 않다. 욕구가 커진다고 내 지갑이 두둑해지지는 않는다. 세뱃돈 1만 원은 여전히 변함이 없다. 고로 나는 선택을 해야 한다. 내 욕구에 비해 그 욕구를 채워줄 수단인 세뱃돈은 여전히 희소하다.

하지만 희소성이란 녀석만으로는 왜 패밀리 레스토랑에서 메뉴를 고르기 힘든지 충분히 설명하기 어렵다. 이에 대한 이해를 돕기 위해 다음 장에 하나의 단서가 더 숨어 있다.

이 세상에
공짜는 없다

최선의 선택을 위한 기준

어떤 결정이 우리의 삶을 윤택하게 만들 수 있을까? 합리적으로 선택한다는 것이 무엇일까? 경제학에서 이야기하는 선택의 기준은 하나다. 그리고 그것은 두 가지로 표현된다. 첫째로는 '동일한 비용으로 더 많은 이득을', 둘째로는 '동일한 이득을 더 적은 비용으로'다. 이 기준을 따라 선택하는 것을 '경제적으로 생활한다economize'라고 말한다.

어느 날 머리맡에 1000만 원의 돈이 놓여 있다. 양말도 걸어놓지 않았으니, 산타클로스 할아버지의 선물은 아닐 테다. 생각만 해도 즐거운 상상이다. 하지만 이 돈을 불리기 위해 투자하기로 결정했다면 머릿속은 이내 복잡해진다. 미래에 하게 될 고민을 조금 앞당겨 해보자.

예를 들어 1000만 원을 A회사에 투자하면 200만 원을 벌 수 있고 B회사에 투자하면 250만 원을 벌 수 있다고 한다. 그러면 당연히 B회사에 투자하는 것이 합리적이다.

이번에는 500만 원을 벌기 위해서, A회사에 투자할 때는 2500만 원의 투자 원금이 필요하고 B회사에 투자할 때는 2000만 원의 투자 원금이 필요하다고 해도, 당연히 B회사에 투자하는 것이 합리적이다.

이 두 가지 경우의 경제 원칙은 서로 다른 각도에서 접근했을 뿐 실제로는 똑같은 내용이다. 어떤 원칙을 따르든 결국은 같은 결론에 이르게 된다. 너무나 당연한 이야기 같지만, 이 간단한 사례에는 함정이 도사리고 있다. 그리고 아주 많은 사람이 그 함정에 쉽게 빠지고 만다. 과연 어떤 함정일까?

선택에는 대가가 따른다

하나를 선택한다는 것은 거꾸로 생각하면 다른 것을 포

기한다는 뜻이다. 마치 인생의 갈림길에서 이 길을 선택하면 저 길을 가볼 수 없는 것처럼……. 사실 우리는 어떤 선택을 한 이후에 "그때 다른 선택을 했더라면 지금 더 나아지지 않았을까", "맞아. 내 선택은 올바르지 못했어" 하며 후회하곤 한다. 혹은 "그건 어땠을까" 하는 호기심과 미련을 버리지 못하는 경우도 많다.

경제학은 사람들이 기회비용을 따져 후회 없는 선택을 하도록 돕는다. 세뱃돈으로 받은 1만 원으로 햄버거를 먹을까, 영화를 볼까, 게임을 할까, 고민하다가 햄버거를 먹기로 결정했다고 하자. 우리는 영화를 보거나 게임을 하며 느낄 수 있는 만족(효용)을 누리지 못하게 된다. 일종의 선택의 대가(비용)를 치러야 한다.

이처럼 여러 가지 가운데 어느 하나를 선택함으로써 다른 것을 취할 기회를 상실하게 될 때, 포기한 기회가 줄 수 있었던 만족 또는 가치를 기회비용opportunity cost이라 한다. 햄버거를 선택할 때의 기회비용은 영화나 게임을 통해서 느낄 수 있었던 만족 또는 가치인 셈이다. 만약 영화나 게임에 대한 만족이 햄버거를 먹었을 때의 만족보다 크다면 햄버거를 선택하는 것은 합리적 선택이 아니다.

효용이나 기회비용은 주관적인 개념이므로 사람마다 차

이가 있다. 어떤 사람에게는 영화가 더 큰 만족을 주는 반면, 다른 사람에게는 햄버거가 더 큰 효용을 줄 수 있다. 따라서 같은 돈을 갖고 있더라도 사람마다 합리적 선택이 다를 수 있다.

작은 모임에서부터 정부 활동까지

기회비용은 개인의 생활뿐 아니라 아주 작은 모임에서부터 거대 기업, 심지어 정부의 활동에까지 도처에 숨어 있다. 패밀리 레스토랑에서 콜라를 마실까, 주스를 마실까, 레모네이드를 마실까, 한참을 고민하다가 우선 주스를 가장 먼저 후보에서 탈락시켰다. 그리고 끝까지 경합을 벌인 콜라와 레모네이드 중 콜라를 선택했다면, 이때의 기회비용은 레모네이드다. 이처럼 맘에 드는 선택지가 많을 경우, 기회비용의 차가 적을수록 선택은 어려워진다.

회사원이 직장을 그만두고 가게를 차릴 경우의 기회비용은 회사를 계속 다닐 경우에 벌 수 있었던 연봉일 것이다. 식당이 우동을 파는 경우의 기회비용은 라면을 팔아서 벌 수 있었던 이윤이다.

기회비용의 존재는 정부도 예외일 수 없다. 농촌에 예산

을 지원하는 정책의 기회비용은 그 돈으로 할 수 있었던 실업자 구제다. 기회비용을 제대로 따지지 못할 경우 낭패를 볼 수밖에 없다.

교통사고 피해보상 현장에서도 기회비용을 만나볼 수 있다. 사고를 당해 정상적인 경제 활동이 불가능한 피해자에게 가해 운전자는 일정액의 보상금을 지급한다. 피해자가 사고를 당하지 않았더라면 일을 해서 벌 수 있었던 소득을 보상하는 것이다.

이처럼 모든 선택에는 기회비용이 발생한다는 원칙을

미니멀 경제학

경제학에서는 '공짜 점심은 없다There is no free lunch'라는 말에 비유하곤 한다. 그러나 정작 기회비용을 정확하게 이해하는 사람은 그리 많지 않다. 기회비용을 제대로 알면 새는 돈도 막고, 날아가는 돈도 잡을 수 있는데 말이다.

선택은 둘 중에 하나

이번에는 1000만 원을 손에 들고 금융시장으로 떠나보자. 이 여유 자금으로 투자할 수 있는 대안은 다음 세 가지로 추려진다. 연 2퍼센트 금리로 은행에 예금하거나, 연 3퍼센트의 이자를 주는 채권을 구입하거나, 수익률이 불확실한 주식 투자를 하는 것이다.

채권시장도 둘러보고 은행 영업 사원과 이야기를 나누어봤지만, 오랜 고민 끝에 과감하게 주식에 투자하기로 결정했다. 은행 예금이나 채권 구입이라는 기회를 포기한 셈이다. 포기한 기회에서 발생했을 이득은 은행 예금의 경우 20만 원의 이자 수입이며, 채권 구입의 경우 30만 원의 이자 수입이다. 그러면 이때의 기회비용은 30만 원이라 할수 있다.

이처럼 기회비용을 따질 때 한 가지 명심할 것이 있다.

기회비용이란 상실한 여러 기회의 가치를 모두 합한 것이 아니라, 그중 가장 좋은 기회의 가치만을 의미한다는 사실이다. 지극히 당연하다. 주식 투자를 하지 않는다고 해서 은행 예금과 채권 구입을 동시에 할 수는 없으며, 어차피 둘 중 하나를 선택해야 하니까.

1년이 지난 후 주식을 처분하여 30만 원의 차익을 남겼다. 주식 투자를 위해 경제 정보지를 구독하고 인터넷 증시 정보 사이트에 회원으로 가입하는 등 지출한 10만 원의 비용을 빼면 실질적인 차익은 20만 원이다.

과연 주식에 투자한 것이 합리적이었을까? 주식 투자를 해서 돈을 번 것일까? 주식 투자로 원금을 제외하고 20만 원의 돈을 쥐고 있지만, 주식 투자를 하지 않고 채권을 구입했더라면 30만 원을 벌었을 것이다. 따라서 주식 투자를 선택함으로써 10만 원의 손해를 본 것이다. 이제 서서히 앞에서 이야기한 함정의 정체가 드러나고 있다.

경제학자들의 계산법

위의 주식 투자를 경제학적으로 보면 10만 원의 경제적 손실을 입었다는 계산이 맞다. 그러나 실제로 우리 주변에는 주식 투자로 20만 원의 이득을 보았다고 착각하는 사람들이 많다. 바로 이것이 기회비용의 함정이다.

기회비용을 따지지 않으면 20만 원을 벌었다고 착각하기 쉽다. 기회비용의 함정을 외면하는 사람들도 있다. 설령 경제학적으로 손해를 보았다는 것을 알더라도 20만 원을 벌었다는 데 만족하는 사람들이다.

경제학자들은 기회비용까지 모두 고려한 나머지를 경제적 이윤이라 하고, 기회비용을 고려하지 않은 계산 결과를 회계학적 이윤이라고 한다. 합리적인 경제생활, 최선의 선택을 위해서 우리는 경제적 이윤이 올바른 이윤의 개념이라는 사실을 잊어서는 안 된다. 경제학에서는 경제적 이윤을 올바른 계산으로 보기 때문에, '경제적'이라는 말을 생략하고 단순히 '이윤'이라고 한다. 절대 잊지 말자. 경제적 이윤이 올바른 이윤의 개념이라는 사실을.

우리나라 방송에는 식당을 소개하는 코너가 참 많다. 방송 중에 "우리는 온 가족이 운영해 인건비를 줄이고 있어요"라는 주인의 인터뷰가 자주 등장한다. 온 가족이 식당에서 한 달 동안 일한 결과 금고에 1000만 원이 남아 있다고 하자.

사람들은 이윤이 1000만 원이라고 생각한다. 경제학에서는 이윤이 1000만 원이 아니라고 한다. 가족이 식당에서 일을 하지 않고 다른 곳에서 일하면서 받는 월급의 합이 800만 원이라면 이윤은, 즉 경제적 이윤은 200만 원에 불과하다. 만약 가족이 다른 곳에서 800만 원이 아니라 1100만 원을 벌 수 있다면 이 식당은 손해를 보고 있는 것이다.

우리의 욕구는 무한하다. 반면에 그 욕구를 충족시켜 줄 자원은 희소하다. 게다가 우리는 여러 가지 가운데 하나를 선택하고 다른 것은 포기해야만 하는 운명에 처해 있다. 여러 가지 재화를 구입할 수 있는 돈 역시 우리에게 무한히 주어지지 않는다.

그래서 동일한 비용으로 최대의 효과를 얻어내고, 동일한 효과를 최소 비용으로 이루기 위해서는 경제적 이윤을 꼼꼼히 따지며 생활하는 사고가 필요하다. 패밀리 레스토랑에서 메뉴를 고를 때도 야무지게 선택하자. 맘에 드는 음식이 너무 많다고 함부로 메뉴를 선택했다가 손해를 볼지도 모르니까.

사은품은 공짜?

지금은 정부의 규제로 많이 줄었지만 한때 백화점의 사은품 경쟁이 매우 치열했다. '창립 ○○주년'이라면서 상품권은 기본이고 승용차까지 사은품으로 준 적이 있다. 어느 백화점은 아파트를 주는 사은품 행사로 사회적 물의를 일으키기도 했다.

백화점이 고객을 위해 사은품을 주겠다는데 왜 정부는 이에 거부감을 가질까? 경제학자들이 나서서 정부를 말려야 하지 않을까? 아쉽게도 경제학자들 역시 사은품 지급에 우호적 시선을 주지 않는다.

그 이유는 겉으로 보이는 바와 다르게, 백화점 사은품 증정이 소비자 이익을 증대시키지 않기 때문이다. 사실은 사은품 증정이 공짜가 아닌 탓이다. 소비자가 얻는 이익보다 더 많은 비용이 발생한다.

경제학적 사고를 지니지 않고 이 문제에 접근하면 사은품이 소비자 이익을 증대시키는 것처럼 보인다. 어차피 살 물건을 백화점에서 살 뿐이고, 운이 좋으면 덤으로 사은품도 챙길 수 있으니 이익이라는 생각이 든다. 기업이 사은품 행사를 통해 노리는 것도 바로 이러한 시각이다.

하지만 이 세상에 이윤을 마다하는 기업은 없다. 백화점도 자선사업가가 아니다. 그렇다면 결론은 뻔하다. 사은품에 들어가는 비용을 다른 곳에서 만회할 것이라는 생각이 들지 않는가.

가장 먼저 생각나는 방법은 백화점이 팔고 있는 수천 가지의 상품들로 조금씩 분산해서 가격을 인상하는 것이다. 백화점의 수백, 수천 개 상품들을 한꺼번에 모두 사는 고객은 없다. 한두 개 상품을 살 뿐이다.

고객은 자신이 계산하고 있는 몇 개의 상품 가격이 조금씩 오른 것을 미처 인지하지 못하거나, 인지하더라도 인상분이 작아 큰 부담으로 느끼지 않는다. 이에 비하면 사은품을 받을 수 있다는 기대감은 큰 행복을 준다. 그래서 사은품 행사를 하고 있는 백화점에 발을 들여놓는다.

운이 좋은 한 명의 고객이 받은 아파트는 다른 수많은 고객이 아주 조금씩 돈을 내서 사준 꼴이다. 백화점은 생색만 내면 된다.

이게 다가 아니다. 다른 곳에서 소비하려고 했던 고객이나 소비 계획이 없던 고객이 사은품 행사 때문에 해당 백화점에서 물건을 산다. 사은품이 아니었더라면 기대하지 못했을 매출이다. 사은품은 공짜가 아니다.

못 잊으면 손해!
잊으면 이득!

뷔페식당에서 배부르게 먹는 사람

이번에는 가족이 모처럼 뷔페식당으로 가기로 했다고 생각해보자. 대개는 점심 식사를 간단히 하면서 뷔페식당에서의 저녁 결전에 대비한다. 드디어 뷔페에서의 식사 시간. 첫 접시부터 맛있는 음식들을 잔뜩 담아와 후다닥 해치우고 바로 두 번째 접시를 가지러 자리를 박차고 일어난다.

이런 식으로 한 접시, 또 한 접시를 먹다 보면 열 접시는 먹겠다던 처음의 각오와 달리 금세 배가 불러온다. 그러나 여기서 멈출 수 없다는 각오로 배 터지도록 음식을 계속 먹는 사람들이 많다. 그러면서 모두 한마디씩 던진다.

"뷔페식당 식사비가 얼마나 비싼데, 실컷 먹어야지."

맞는 말인 듯 보이지만, 이러한 생각을 하면서 무리하게 음식을 더 먹는 순간, 우리는 또다시 비합리적 선택을 하고 만다. 뷔페식당의 식사비는 그 식당에 들어서는 순간 누구나 지불해야 하는 비용이다. 그리고 그 비용은 음식을 적게 먹든 많이 먹든 돌려받을 수 없다. 이처럼 이미 지불해 회수할 수 없는 비용을 매몰비용sunk cost이라고 한다. 배가 바다에 가라앉으면 건질 수 없으므로 포기하고 잊어버려야 한다는 의미에서 이렇게 이름을 붙였다.

매몰비용을 잊지 못하고 의사결정에 반영하는 순간, 비합리적인 선택을 하게 된다. 뷔페식당에서의 식사비는 매몰비용이므로 음식을 얼마나 많이 먹을 것인지를 결정할 때는 고려해선 안 된다. 대신 한 접시를 더 먹는 만족이 칼로리 폭탄이라는 고통보다 크면 먹고, 반대로 고통이 만족보다 크면 그만 먹어야 한다. 고통이 만족보다 크지만 비싼 식사비 생각에 꾸역꾸역 먹고 나서 후회하는 건 어리석은 일이다.

이것이 매몰비용의 교훈이다. 바로 앞에서 우리는 선택을 할 때 기회비용을 절대로 잊어서는 안 된다고 배웠다.

미니멀 경제학

그런데 이번에는 반대다. 매몰비용이라면 잊어야 합리적 선택을 할 수 있다. 헷갈리는가? 기회비용은 잊지 말아야 하고 매몰비용은 잊어야 한다니.

사실 이것은 같은 말이다. 매몰비용은 회수할 수 없고 이미 사라진 비용이므로 기회비용이 0인 셈이다. 따라서 고려하려고 해도 고려할 것이 없다. 매몰비용에 집착하는 사람은 기회비용이 0이라는 사실을 모르고 양수(+)라고 착각하고 있는 것이다.

기말고사의 악몽

경제 수업 시간에 선생님께서 기말고사가 매우 어려울 것이라고 하신다. 학생들은 아우성치지만 소용이 없다. 원래 대쪽 같은 선생님으로 소문이 나 있으니까. 다음 날부터 학생들은 열심히 경제 공부를 시작한다.

드디어 시험을 바로 앞둔 수업 시간. 선생님께서 중대 발표가 있다면서 헛기침을 하신다. 이번 기말고사에서 경제는 안 보기로 했단다.

야호! 학생들의 괴성이 교실을 뒤흔든다. 그런데 그것도 잠시뿐.

'그럼 지금까지 공부한 것은? 어젯밤에도 하고 싶은 게임을 포기하며 늦게까지 경제 공부를 했는데……'

허탈하지만 역시 이것도 잠시다. 모레부터 시작되는 기말고사에 대비해 학생들은 어떤 과목을 공부해야 하는지 고민하기 시작한다.

두 부류의 학생이 있다. 첫 번째 부류의 학생은 지금까지 경제 공부를 하느라고 써버린 시간과 노력이 아까워서 이 기회에 경제 종결자가 되겠다며 경제 공부를 계속한다. 다른 부류의 학생은 허탈하지만 그동안의 경제 공부는 잊고 모레에 있을 사회와 문화 시험공부를 시작한다.

어느 학생이 합리적으로 선택한 것일까? 당연히 사회와 문화 공부를 하는 학생이다. 지금까지 경제 공부에 투입한 시간과 노력은 매몰비용이다. 물론 아깝다. 그러나 그것을 잊고 앞으로 시험을 볼 사회와 문화 공부를 하는 게 성적을 높이는 데 도움이 된다. 매몰비용을 잊지 못하고 계속 경제 공부를 하는 학생은 우울한 성적표를 받는다.

매몰비용을 잊지 못하면⋯

미국 건국의 아버지라 불리는 벤저민 프랭클린Benjamin Franklin은 이렇게 말했다.

"이미 흘러간 물로는 물레방아를 돌릴 수 없다. 과거에 어리석은 일을 했기로 그것 때문에 고민할 필요는 없다. 그 고민으로 흘러간 물이 다시 오지는 않는다. 슬프든지 분하든지 과거는 과거로 묻어버리고 오늘은 오늘로써 생활해야 한다. 과거의 한 토막으로 새날을 더럽혀서는 안 된다."

매몰비용을 잊고 앞으로 다가올 일에 신경 써야 한다는 경제학의 원리를 담고 있는 말이다. 매몰비용을 잊지 못하면 다시 비합리적 선택을 하게 되어 더 큰 손실을 본다는 점을 경고하고 있다. 그런데 주변을 둘러보면 손에서 떠난

화살에 연연한 결과, 또다시 잘못된 선택을 하는 사람들이
의외로 많다.

아이돌 가수의 콘서트 표를 구입했는데, 당일에 심한 몸
살이 났다. 몸을 움직이기조차 힘든 상태다. 그럼에도 표를
구입하는 데 쓴 돈이 아까워 무리해서 콘서트를 보러 간다.
후유증으로 며칠 동안 끙끙 앓으며 보낸다. 매몰비용을 잊
지 못해서 비합리적 선택을 한 결과다.

경제학자들이 일반인들을 대상으로 실험을 했다. 2만
원짜리 연극 공연 표를 길거리에서 공짜로 나누어 주고, 그
들 가운데 얼마나 많은 사람이 연극을 보러 오는지 관찰했
다. 다음에는 이 연극 공연 표를 환불 불가 조건으로 단돈
1,000원에 팔고, 그들 가운데 얼마나 많은 사람이 연극을
보러 오는지 관찰했다.

어떤 경우에 연극을 보러 오는 사람들이 많을까?

그렇다. 여러분도 짐작하듯이 1,000원을 내고 표를 산
사람들이 더 많이 연극을 보러 왔다.

그 이유까지 정확히 설명할 수 있다면 이제 여러분은 경
제 전문가나 마찬가지다. 합리적인 사람이 하는 의사결정
은 단순하다. 그날 저녁에 연극을 보는 효용이 연극을 보는
데 들어가는 비용보다 크다면 연극을 보는 것이며, 그렇지

40

않다면 연극 관람을 포기해야 한다. 두 번째 경우에 사람들이 표를 구입하는 데 쓴 돈 1,000원은 매몰비용이다.

사람들이 합리적이라면 공짜로 표를 받았든 돈을 주고 샀든 연극을 보러 오는 사람들의 수가 비슷해야 한다. 그런데 1,000원에 표를 구입한 사람들 가운데 연극을 보러 온 사람들이 더 많았다. 의사결정에서 매몰비용을 고려해 1,000원이 아깝다고 생각한 사람들이 그만큼 많았다는 증거다.

한계적으로
생각하라!

물리학자와 화학자와 경제학자의 차이

물리학자, 화학자, 경제학자가 먹을 것이 하나도 없는 무인도에 표류하게 되었다. 이때 캔 수프 한 개가 파도를 타고 해안가로 떠내려왔다. 하지만 이들에게 캔 따개가 있을 리 없었다.

잠시 생각하던 물리학자가 말했다.

"돌멩이로 이 캔을 부수자."

이 말을 들은 화학자가 말했다.

"불을 지펴 캔을 가열하자."

이를 듣고 있던 경제학자가 말했다.

"우리 캔 따개가 있다고 가정하고……."

경제학자들 사이에 회자되는 우스갯소리다. 하나 더 보자. 일반인 사이에서도 많이 유행했던 것이다.

코끼리를 냉장고에 넣는 방법에 대해 논쟁이 벌어졌다. 전공에 따라 다양한 해결책을 제시했다. 수학자는 "코끼리를 미분해 넣거나 냉장고를 적분한다." 생물학자는 "시험관 코끼리를 배양해 넣는다." 재료공학자는 "고무로 냉장고를 만든다." 식품공학자는 "코끼리를 햄으로 가공해 넣는다." 법학자는 "코끼리 집을 냉장고라 부르게 하는 법을 제정한다." 심리학자는 "관중들에게 최면을 걸어서 코끼리가 냉장고에 들어갔다고 여기게 한다." 그렇다면 경제학자가 제시하는 해결책은?

"코끼리가 냉장고에 들어갔다고 가정한다."

두 가지 우스갯소리의 공통점은 무엇일까? 경제학에 가정이 많이 사용되고 있음을 극단적으로 희화화한 것이다. 경제학자들은 이에 반박하지 않는다. 옳은 지적이다. 그만큼 경제학자들은 원리와 이론을 만들어내기 위해서 가정을 많이 사용한다.

경제학은 현실 세계를 묘사하고 설명하는 학문이다. 그렇지만 현실 세계는 우리의 머리에 비해 또는 성능이 좋은 컴퓨터에 비해 너무 복잡해 모든 여건을 다 반영하다가는 아무런 결실을 맺지 못한다.

따라서 경제학자들은 현실 세계에서 진정으로 중요한 부분에 초점을 두기 위해 또는 문제를 체계적으로 분석하기 위해 단순화 가정을 사용한다. 무시해도 좋거나 잠시 제쳐놓는 게 낫다고 여겨지는 것들은 고려하지 않는다는 가정에 의존한 후, 경제 이론을 도출한다. 이러한 경제 이론과 원리가 우리의 의사결정에 도움을 주고 현실 세계를 이해하는 데에 유익하다면, 굳이 그러한 가정을 비현실적이라며 거부할 필요는 없다.

따지고 보면 경제학자들만 단순화 가정을 사용하고 있지는 않다. 운전자들이 애용하고 있는 내비게이션 애플리케이션을 보자. 운전자가 가려는 목적지까지의 최적화된 경로를 스마트폰 화면에 친절하게 표시해준다. 여기에도 많은 단순화 가정이 숨어 있다.

만약 도로 위에 있는 모든 건물, 상가 간판, 심지어 가로수까지 하나도 빼놓지 않고 조그만 스마트폰 애플리케이션상에 표시한다면 운전자가 식별하기 불가능할 정도로 복잡한 지도가 펼쳐질 것이다. 사실에 부합하려면 2차 평면이 아니라 3차원의 세상을 구현할 수 있는 스마트폰이 필요하다.

우리는 실제 도로를 단순화하고 세상이 2차원이라고 가정한 상태에서, 차선이나 신호등 같은 핵심 요소만 추출해 가는 길을 평면 위에 표시해준 애플리케이션을 이용하는 편이 더 효과적이다. 비현실 가정을 이용했지만 운전자가 목적지까지 도착하는 데 아무런 문제가 없다.

경제학이 의존하고 있는 가정

수많은 이론이 시대를 풍미하고 사라진다. 경제 이론도 마찬가지다. 여러 가설들이 금과옥조의 진리로 찬양받다가 어느 순간 구시대의 유물로 전락하는 비애를 삼켜야만 했다. 하나의 절대적인 가정이 무너질 때는 뿌연 먼지 구름이 피어난다. 그 위에 지어진 철옹성 같았던 이론도 함께 무너져내리기 때문이다.

경제학은 여러 가지 가정 위에 놓여 있다. 어쩌면 세상 모든 학문이 "만약 A라면 B일 것이다"라는 가정 없이는 불가능할지도 모른다. 그러나 학문의 가정이 일반적인 대화에서 쓰이는 가정과 다른 점이 있다면, 가정을 뒷받침하는 논거가 타당하며 가정을 입증할 만한 경험적 증거가 풍부하다는 것이다.

사람들은 모두 나름대로의 목적을 가지고 산다. 그리고 그 목적을 가능한 한 크게 이루기 위해 노력한다. 수영 선수는 더 빠르게 물살을 헤치고 목표 지점에 도달하기를 원하고, 학생들은 공부를 좀 더 잘하기를 원한다. 옷가게 주인은 옷을 되도록 많이 팔아 이윤을 최대화하기를 원한다.

경제학에서는 소비자들이 서비스나 재화를 소비하면서 최대한의 만족을 얻기를 원한다고 가정한다. 또한 기업은 더 많은 소비자에게 더 많은 상품을 판매하여 이윤을 최대화하려 한다고 가정한다.

최대의 효용과 이윤을 얻는 방법

그렇다면 이러한 경제학 원칙을 실현하기 위한 비법은 무엇일까? 경제학자들은 "한계적으로 생각하라"고 조언한다. 한계편익marginal benefit과 한계비용-marginal cost을 비교하라는 말이다. 최대의 효용과 최대의 이윤을 얻을 수 있는 방법이니 꼼꼼하게 따져보자.

한계편익은 우리가 어떤 행위를 하나 더 할 경우에 추가적으로 얻는 편익을 말한다. 즉, 추가편익이다. 마찬가지로 한계비용은 우리가 어떤 행위를 하나 더 할 경우에 추가적으로 드는 비용을 말한다. 추가비용이라고 할 수 있다.

내가 아이스크림을 한 개 더 먹을 때, 그 아이스크림으로부터 추가로 느끼는 만족이 한계편익이라면, 아이스크림을 한 개 더 사기 위해 지불해야 하는 값이 한계비용이다.

기업이 스마트폰을 한 대 더 생산함으로써 버는 수입이 한계편익이며, 스마트폰을 한 대 더 생산하는 데 드는 돈이 한계비용이다.

이제 답은 나온 셈이나 마찬가지다. 만약 어떤 행위를 추가로 하나 더 할 때의 한계편익이 한계비용보다 크다면, 그 행위를 더 해야 한다. 이때 플러스(+)의 순편익net benefit 을 얻을 수 있다. 순편익은 한계편익에서 한계비용을 뺀 것이다.

반대로 한계편익이 한계비용보다 작다면, 그 행위를 하지 말아야 한다. 행위에서 마이너스(−)의 순편익이 발생하기 때문이다. 이는 분명히 손해다.

한계편익과 한계비용을 비교하고 평가하는 일은 모든 선택의 기준이다. 순편익이 플러스(+)면 자원을 잘 사용한 셈이다. 순편익이 커질수록 자원을 좀 더 잘 사용하게 된다. 순편익이 최대가 되는 정점은 한계편익과 한계비용이 일치하는 순간이다.

내가 만약 자동차 회사의 최고 경영자라면?

먼 훗날 여러분이 자동차 회사의 최고 경영자가 되었다

고 상상해보자. 아주 다행스럽게도 회사에서 신차를 개발해 출시하자마자 소비자들의 반응이 폭발적이다. 출시 3개월 만에 경쟁 기업의 동급 자동차보다 매출이 앞서기 시작한다. 회사의 인지도가 경쟁 기업에 비해 떨어져 있었는데, 회사의 브랜드 이미지를 높일 절호의 찬스가 온 것이다.

마케팅 팀도 열심히 노력한다. 여러 홍보 채널을 통해 신차의 뛰어난 디자인과 경제적인 연비를 적극적으로 알린다. 신차는 그야말로 날개 돋친 듯 팔린다. 날이 갈수록 소비자들의 주문이 쇄도한다.

이 얼마나 즐거운 상상인가. 그러나 최고 경영자인 여러분은 곧 고민에 빠진다. 과연 이 신차를 얼마나 더 생산할 것인가. 설비를 얼마나 늘리고, 생산 라인을 관리할 노동자들을 얼마나 더 고용할 것인가. 드디어 한계편익과 한계비용이 상상의 무대에 등장할 시간이 왔다. 그리고 이 친구들은 여러분의 즐거운 상상을 그야말로 더욱 즐겁게, 해피엔드로 장식해줄 것이다.

여러분의 회사가 자동차를 한 대 더 생산할 때 벌 수 있는 한계편익이 현재 5000만 원이고, 자동차를 한 대 더 생산할 때 들어가는 한계비용이 4900만 원이라고 하자. 이때 자동차를 한 대 더 생산한다면 100만 원의 순편익(이윤)을

늘릴 수 있다. 따라서 회사는 자동차를 한 대 더 생산해야
한다.

만약 자동차를 한 대 더 생산할 때의 한계편익이 5000
만 원이고 한계비용이 5100만 원이라면, 자동차를 한 대
더 생산할 때 100만 원의 순편익을 상실하게 된다. 즉 100
만 원의 손실이 발생한다. 더 이상의 투자와 생산은 아무런
의미가 없다. 자동차 생산을 줄이는 것이 이윤을 늘리는 방
법이다.

최고 경영자인 여러분은 이제 회전의자에 앉아 결재 서

류에 서명을 한다. 회사가 순편익을 최대화할 수 있는 방법을 찾은 것이다. 한계편익과 한계비용이 같아질 때까지만 생산하자고. 그리고 한계비용이 한계편익보다 단 1원이라도 높은 시점에서는 생산을 하지 말자고.

정말 많은 사람이 자주 범하는 실수

다음과 같은 어려운 문제들이 있어도 한계의 원리에 따르면 합리적인 결정을 내릴 수 있다.

범죄율이 높은 지역에 치안을 강화하기 위해 경찰 예산을 어느 선까지 늘려야 할까? 경찰 예산 지출을 1원 늘릴 때의 한계편익이 한계비용과 같아질 때까지다. 교육 예산도 마찬가지다. 예산의 한계편익이 한계비용과 일치할 때까지 늘리면 된다.

어떤 사람들은 경제학자들이 개발을 좋아하고 환경 보전에 대해서는 신경 쓰지 않는다고 비난한다. 그러나 이는 오해다. 경제학자들은 무작정 개발하자고 하지도 않으며, 무작정 환경 보호만을 주장하지도 않는다. 개발에 따르는 한계편익과 한계비용을 고려해 순편익이 최대가 되는 수준까지 개발하자고 주장한다. 이를 보고 경제학자들은 개발밖에 모른다고 잘못된 비판을 한다. 단지 경제학자들은 한계의 원리를 충실하게 적용하고 있을 뿐이다.

이와 같이 우리가 하고 있는 경제 의사결정은 '조금 더 또는 조금 덜'에 대한 것이다. 삼겹살 가격이 올라간다고 삼겹살 소비를 멈추지는 않는다. 다만 삼겹살을 조금 덜 먹을 뿐이다. 대신 닭고기를 조금 더 먹는다. 기업은 시장 상황이 나빠졌다고 해서 직원을 모두 해고하지 않고, 한두 명을 해고하는 수순을 밟는다.

한계편익과 총편익을 제대로 구분하지 못해 잘못을 저지르기도 한다. 그 대표적인 예가 '한계편익 = 한계비용'이라는 한계의 원리를 '총편익 = 총비용'으로 착각하는 것이다. 한계편익은 행위를 하나 더 했을 때 추가적으로 얻는 편익이며, 총편익은 지금까지의 행위에서 얻은 한계편익을 모두 더한 값이다.

총편익과 총비용이 같아질 때는 순편익이 0이 된다. '최대'와는 거리가 멀다. 순편익을 최대로 만들려면 한계편익과 한계비용이 같아지도록 해야 한다.

뷔페를 즐기는
가장 스마트한 방법

이토록 쉬운 문제를 못 풀다니…

어떤 재화나 서비스를 하나 더 소비할 때마다 만족은 커진다. 이때 추가로 얻게 되는 만족을 경제학자들은 한계효용marginal utility이라 부른다. 한계효용은 경제 현상을 분석하고 이해하는 데 큰 도움을 주었으며, 많은 사람이 고개를 갸우뚱하며 이상하다고 생각했던 현상들에 대해서도 명쾌한 답을 제시했다. '물과 다이아몬드의 역설'이 대표적인 예다.

물과 다이아몬드 가운데 어떤 것이 더 필수적일까?

경제 개념과 원리 편

당연히 물이다.

너무 뻔한 질문이었나? 그러면 질문을 약간 바꿔보자. 알라딘의 요술램프 속 요정이 물 100리터와 다이아몬드 0.1캐럿 가운데 한 가지만 가지라고 하면 사람들은 어떤 것을 선택할까?

이번에는 다들 다이아몬드를 선택할 것이다.

역시 뻔한 질문이다. 질문 자체에는 어떤 함정도 없다. 하지만 뻔하다 못해 지루하기까지 한 이 두 가지 질문에는 좀 더 깊은 뜻이 담겨 있다.

사람이 살아가는 데 물이 다이아몬드보다 훨씬 긴요함에도 불구하고, 심지어 물이 없으면 살아갈 수 없음에도 불구하고, 왜 사람들은 물 대신 다이아몬드를 선택할까?

과거 경제학자들은 이러한 현상에 대해 '물과 다이아몬드의 역설'이라는 이름을 붙여놓고, 그 이유를 궁리하고 또 궁리했다. 또 어떤 사람들은 '가치의 역설'이라고 조금 더 직접적인 이름을 붙이고 고민했다. 하지만 모두 명쾌하게 대답하지 못했다. 이렇게 난감할 데가. 소위 경제학자란 사람들이 이토록 쉬운 문제 하나 풀지 못하다니……. 한계효용이란 개념과 그에 기초한 한계효용 이론이 등장하기 전까지의 일이다.

물과 다이아몬드의 역설

'물과 다이아몬드의 역설'을 조금만 비틀어보자. 여러분이 터벅터벅 걸어가고 있다. 호주머니에 손을 찔러 넣고 전 재산인 1,000원을 만지작거리면서. 그런데 이게 무슨 횡재인가. 한 손에는 생수를, 다른 한 손에는 다이아몬드를 들고 있는 한 남자가 나타났다. 생수도 1,000원, 다이아몬드도 1,000원이라며 팔고 싶단다. 여러분의 결정은? 꿈인지

생시인지 나머지 한 손으로 볼을 꼬집어 보며 1,000원을 내밀고 이야기할 것이다.

"다이아몬드 주세요."

이제 상황이 바뀌었다. 여러분은 지금 오아시스를 찾아 풀 한 포기 보이지 않는 사막을 이틀째 헤매고 있다. 입이 바짝 마른다. 또다시 그 남자가 나타났다. 이번에도 생수 한 병과 다이아몬드를 각각 1,000원에 판다. 여러분의 선택은 이번에도 다이아몬드일까? 강렬한 뙤약볕에 머리가 좀 이상해지지 않았다면 생각할 필요도 없이 이렇게 말할 것이다.

"물 주세요."

교환의 상황만을 비교하면 차이라곤 하나도 없다. 그러나 결과는 정반대. 한 번은 다이아몬드, 또 한 번은 물을 선택한다. 여전히 궁금증이 가시지 않는다.

가격이란 무엇일까?

이 예는 여러 가지 경제학적 사실을 품고 있다. 우선 사람들이 물건을 사고 지불하는 가격은 그 물건으로부터 얻을 수 있는 한계효용에 달려 있다는 사실이다. 인간에게 있어 '물'이라는 자원이 '다이아몬드'보다 더 소중하고 더 필요하고 더 큰 가치를 지니긴 하지만, 그것은 물이나 다이아몬드의 가격을 결정하는 데 핵심은 아니다. 사람들은 물 한 병을 더 마실 때 추가로 얻는 만족, 즉 물 한 병의 한계효용에 해당하는 만큼만 돈으로 지불하려 한다.

다시 이야기하면 우리가 지불하는 돈은 '물 한 병'이 나에게 주는 한계효용에 대한 대가이지, '물'이라는 소중한 자원에 대한 대가가 아니다. 마치 버스 요금은 목적지까지 편하게 감으로써 얻는 한계효용에 대한 대가이지, 버스 그 자체에 대한 대가가 아닌 것처럼 말이다.

여기서 한 가지 궁금증이 덤으로 풀린다. 사람들은 물 한 병으로부터 얻는 한계효용이 지불해야 하는 돈보다 작다고 생각하면, 물을 사지 않는다. 반대로 물 한 병의 한계효용이 가격보다 크다고 생각하면 물을 산다.

일상적인 상황에서 사람들은 물 한 병이 자신에게 주는 한계효용보다는 다이아몬드 0.1캐럿이 주는 한계효용이 크기 때문에 같은 값이면 다이아몬드를 선택한다.

그렇지만 사막에서는 상황이 달라진다. 며칠 동안 물을 마시지 못한 사람에게 물 한 병의 한계효용은 다이아몬드의 한계효용보다 훨씬 크다. 그래서 물을 선택한다.

한계효용의 개념이 제시되기 전 물과 다이아몬드의 역설
에 얽힌 비밀을 명쾌하게 밝혀내지 못한 이유가 바로 여
기에 있다.

한계효용은 점점 줄어든다

우리는 살아가는 데 없어서는 안 되는 물보다 일종의 사
치품인 다이아몬드의 가격이 더 비싸다는 사실을 잘 안다.
다이아몬드의 한계효용이 물의 한계효용보다 크다는 뜻이
다. 물론 사막에 홀로 떨어진 경우가 아니라 평상시에 해당
하는 결론이다.

하지만 여전히 풀리지 않는 의문이 있다. 왜 다이아몬드
의 한계효용이 물의 한계효용보다 클까? 그것은 희소성의
차이에서 발생한다. 다이아몬드는 우리 주위에서 찾아보기
매우 드문 재화다. 그렇기 때문에 다이아몬드 0.1캐럿이 사
람들에게 주는 한계효용이 매우 크다. 물은 상대적으로 우
리 주위에서 흔히 발견할 수 있다. 수도꼭지를 틀면 물은
콸콸 쏟아진다. 그래서 평소에는 물 한 병이 사람들에게 주
는 한계효용이 크지 않다.

여기서 하나의 경제 법칙이 도출된다. 재화의 양이 많아

짐에 따라 사람들이 얻는 한계효용이 줄어드는 현상, 한계효용 체감의 법칙이다.

아이스크림이라면 사족을 못 쓰는 사람이라도 아이스크림을 한 개, 두 개, 세 개, 계속해서 먹는다면 한계효용이 점차 줄어든다. 첫 번째 아이스크림으로부터 얻는 한계효용이 10이라면 두 번째 아이스크림으로부터 얻는 한계효용은 9로 감소하고, 세 번째 아이스크림으로부터는 7의 한계효용을 얻는 데 그친다. 이렇게 한계효용이 점점 떨어지면 아이스크림을 공짜로 무한정 준다 해도 먹기를 포기하는 때가 온다. 마지막 아이스크림이 주는 한계효용이 0이 되는 순간이다.

뷔페식당을 100퍼센트 즐기는 법

한계효용과 관련해서는 한계효용 체감의 법칙뿐 아니라 또 하나의 중요한 법칙이 발견되었다. 돈을 가지고 여러 가지 물건을 소비할 때의 이야기다.

각 물건에 대해서 한계효용이 서로 같아지도록 소비하면 얻을 수 있는 총효용이 가장 커진다. 이른바 한계효용 균등의 법칙이다. 이 법칙은 경제학자들이 뷔페식당에서 즐겨 사용하는 법칙이기도 하다.

평소에는 구경하기도 힘든 음식들이 예쁜 그릇에 담겨 사람들을 유혹한다. 샐러드에서 기름진 고기까지. 신선한 해산물도 빠지지 않는다. 가장 먼저 뭘 먹을까? 고민이 끝나기 무섭게 잘 익은 소갈비를 접시에 담아 자리에 앉는다. 한 대, 두 대, 세 대 허겁지겁 먹는다. 첫 번째 먹은 갈비는 매우 맛있었고, 두 번째 갈비는 그냥 맛있었고, 세 번째 갈비는……. 갈비의 한계효용은 점점 체감한다.

그러다가 결국 갈비의 한계효용을 밀어내고 다른 음식들의 냄새가 코를 자극한다. 다른 메뉴를 찾아 두리번거리게 되는 시점이다. 뷔페식당에서 굳이 갈비만을 고집할 이유는 전혀 없다. 이번에는 초밥을 선택한다. 갈비가 주는 한계효용이 작아져 초밥이 더 큰 한계효용을 주기 시작하는 순간이다. 물론 초밥도 곧 자신의 한계효용을 다해 다른 음식에게 자리를 내어주고 만다.

이처럼 사람들은 각 음식으로부터 얻는 한계효용이 같아질 때까지만 그 음식을 먹는다. 뷔페식당에서 최대의 효용을 얻기 위한 본능이다.

누군가 경제학자에게 뷔페식당에서 메뉴를 선택하는 기준이 뭐냐고 묻는다면, 아마도 그는 이렇게 대답할 것이다.

"하하하, 별걸 다 물으시는군요. 저는 언제나 한계효용 균등의 법칙에 따른답니다."

2부

교과서는
가르쳐주지 않는
살아 있는
경제 이야기

손흥민 선수와
축구장의 경제학

축구장에 숨겨진 경제학의 원리

영국 프리미어리그에서 대한민국의 위상을 높이고 있는 우리의 자랑스러운 손흥민 선수. 2009년 U-17 월드컵 때의 활약으로 유럽 진출에 성공한 그는 이제 우리나라 국가대표 팀에서 없어서는 안 될 선수이자 세계적인 스타가 되었다.

2018년 아시안 게임에서 우리나라의 우승을 이끌었고 같은 해의 월드컵에서 독일을 무너뜨리는 데에도 기여했다. 국가대표팀 감독이나 소속 프로구단 감독은 누구라도 한 가지 고민거리를 갖는다. 손흥민 선수에게 어느 포지션을 맡길까?

빠른 스피드와 돌파력을 발휘할 수 있는 측면 공격수가 상대에게 더 위협적일까? 아니면 상대 수비수에게 부담을 주며 결정적 찬스를 만들어내는 최전방 공격수로 내세울까? 그만큼 손흥민은 여러 위치를 두루 소화할 수 있는 능력을 지녔다.

여러분이라면 어떤 선택을 내릴 것인가? 정말 어려운 결정이 아닐 수 없다. 하지만 손흥민 선수가 한 경기에서 동시에 두 개의 포지션 모두를 소화할 수는 없는 노릇. 반드시 한 포지션을 선택해야 한다.

이 어려운 선택에서도 경제학은 유용하다. 손흥민 선수가 다른 선수에 비해 어느 포지션에서 상대적으로 더 잘하는지를 선택의 기준으로 삼으면 된다. 손흥민 선수가 측면 공격수로서 상대적으로 더 잘한다면 그에게 측면 공격을 맡겨 돌파력과 스피드를 기대하면 되고, 만약에 중앙 공격수 역할에 상대적으로 뛰어나다면 중앙 공격수를 맡기면 된다.

이것이 경제학에서 말하는 비교우위comparative advantage의 원리다. 비교우위란 어떤 생산자가 다른 생산자보다 상대적으로 더 잘 생산할 수 있는 능력을 말한다. 기회비용이란 용어를 사용해 비교우위를 다시 정의하면, 어떤 생산자가 다른 생산자보다 적은 기회비용으로 생산할 수 있는 능력이다.

손흥민 선수가 다른 선수보다 측면 공격수 역할을 상대적으로 더 잘 수행한다면, 손흥민 선수는 측면 공격수에 비교우위를 가지고 있다. 반대로 나머지 포지션에선 비교열위를 갖는다.

기업의 의사결정도 이와 다르지 않다. 노동력을 통해 최고의 성과를 얻으려는 기업은 직원을 비교우위에 있는 분야에 투입해야 한다. 적재적소라는 말이 있는데, 경제학에

서의 비교우위를 나타낸다고 할 수 있다.

비교우위는 우리에게 매우 의미 있는 시사점을 제시한다. 비교우위는 상대적 개념이므로 사람은 반드시 한 분야에 비교우위를 갖는다는 점이다. 불필요하거나 쓸모없는 사람은 이 세상에 없으며, 모든 사람이 적절하게 쓰일 수 있고 또 쓰여야 한다는 의미다.

이처럼 비교우위에 있는 분야에 노동력을 배분한 결과, 특화specialization 또는 전문화가 위력을 발휘하며 특화를 통해 우리는 같은 노동을 가지고서도 재화를 더 많이 생산하고 소비할 수 있게 된다. 마치 각 포지션에서 비교우위를 가지고 있는 선수들이 모여야 보다 더 넘치는 에너지와 탁월한 능력을 발휘하는 축구 경기를 펼칠 수 있는 것처럼.

비교우위를 알면 세계 경제가 보인다

비교우위의 원리나 특화 생산은 국가 사이의 무역에도 그대로 적용된다. 향수를 생산할 때의 기회비용을 보면 프랑스가 우리나라보다 적다. 반도체를 생산할 때의 기회비용은 우리나라가 프랑스보다 적다. 그래서 프랑스는 향수 생산에, 우리나라는 반도체 생산에 비교우위를 지닌다.

향수 생산에 비교우위가 있는 프랑스는 향수를 특화 생산해 수출하고, 반도체 생산에 비교우위가 있는 우리나라는 반도체를 특화 생산해 수출한다. 이처럼 비교우위에 기초해 자유무역을 하는 경우, 향수 산업과 반도체 산업의 총생산량은 비교우위의 원리에 기초하지 않는 경우보다 많아진다. 두 나라 모두 자유무역을 통해 이득을 얻어 '윈-윈 win-win'의 결과가 나타난다.

이런 이유로 비교우위는 자유무역을 지지하는 이론적 근거로 쓰인다.

비교우위의 논리를 전 세계로 확대해보자. 세계 각국은 저마다 비교우위에 있는 상품을 특화해서 생산하고, 이를 무역 장벽 없이 다른 나라로 자유롭게 수출하는 것이 바람직하다. 비교우위가 없는 자국 산업을 보호하기 위해 보호무역을 선택하기보다는 비교우위에 기초한 자유무역을 선택하는 것이 모두에게 이득이 된다는 논리다.

그러면 전 세계 사람들이 질 높은 재화와 서비스를 더 풍부하게 그리고 더 저렴한 가격에 소비할 수 있다.

자유무역이 우리나라에 이득이 된다는 말을 자유무역이 우리나라의 모든 국민을 동시에 행복하게 만든다는 뜻으로 받아들여서는 안 된다. 자유무역을 하면 이득을 보는 사람(집단)이 있는가 하면 동시에 피해를 입는 사람(집단)도 생긴다.

다만 이때 이득의 크기가 피해의 크기보다 커서, 국가 전체적으로 보면 자유무역이 이득이 된다는 뜻이다. 자유무역은 비교우위에 있는 산업에는 시장을 확대할 수 있는 좋은 기회를 제공하지만, 비교열위에 있는 산업에는 구조조정이라는 시련을 던진다.

자유무역을 통해 일반적으로 누가 이득을 보고 누가 피해를 입는지 냉장고 산업의 예를 통해 생각해보자. 냉장고를 수출하는 나라에서는 냉장고를 생산하고 수출하는 기업과 그 기업에 종사하는 노동자가 이득을 본다.

반면 냉장고를 수입하는 나라에서는 냉장고를 생산하는 기업과 그 기업의 노동자가 피해를 입을 게 뻔하다. 그렇다고 해서 수입국의 모든 사람이 피해를 입는 것은 아니다. 냉장고를 수입하는 나라의 소비자들은 이득을 본다. 국내 시장에 이전보다 더 다양하고 더 성능이 뛰어난 냉장고가 더 많이 공급되고 이를 더 낮은 가격에 구입할 수 있다.

그러므로 냉장고를 수출하는 나라의 기업과 수입하는 나라의 소비자는 자유무역을 지지하지만, 냉장고를 수입하는 나라의 기업과 노동자들은 자유무역을 반대한다. 여기서 자유무역의 딜레마가 비롯된다.

자유무역협정의 딜레마

우리나라와 칠레 정부는 서로 자유무역을 하기로 원칙적으로 합의하고, 자유무역협정Free Trade Agreement을 체결했다. 이렇게 되면 자동차에 비교우위를 가지고 있는 우리나라는 칠레에 자동차 수출을 늘리고 관련 일자리를 창출할 수 있다. 반면에 포도 생산에 비교우위를 가지고 있는 칠레는 우리나라에 포도 수출을 늘릴 수 있다.

이 자유무역협정 역시 누구에게나 웃음을 선사하지는 않는다. 어느 산업에 종사하고 있는지, 내가 생산자의 입장인지 소비자의 입장인지에 따라 명암이 갈린다.

먼저 우리나라 자동차 제조업체와 그 종사자들이 이득을 본다. 겨울에도 맛있는 포도를 저렴한 가격에 먹을 수 있게 되는 우리나라 소비자들에게도 좋은 소식이다. 그러나 칠레에 비해 비교우위를 지니고 있지 못한 우리나라 포도 생산 농가들은 타격을 입는다.

1990년대 들어 자유무역협정은 세계적인 추세가 되었다. 우리나라가 무역 대국을 자처하고 있다는 점을 감안한다면, 자유무역협정에 눈을 돌리지 않을 수 없다. 자유무역협정을 통해 협정 체결국끼리는 무역을 활성화하는 동시에, 그렇지 않은 나라에는 차별적인 무역 조치를 시행한다. 따라서 자유무역협정을 체결하지 않은 국가는 무역을 할 때 손해를 보고, 수출 환경이 악화된다. 우리가 자유무역협정을 체결하지 않는 경우의 기회비용을 고려한다면, 자유무역협정 확대에 더 이상 뒷짐을 지고 있을 수 없는 노릇이다.

우리나라는 2003년까지 단 하나의 자유무역협정도 체결하지 않다가 2004년에 칠레와 처음으로 자유무역협정을 체결했다. 이후 싱가포르, 인도 등과 연이어 자유무역협정을 체결했다. 비교적 작은 국가들과의 자유무역협정을 통해 경험을 쌓고 자신감도 얻었다.

그다음 우리나라는 세계 최대의 경제권인 미국, EU, 호주, 중국 등과 연속으로 자유무역협정을 체결함으로써 세

계 무역 강국으로 자리매김하는 계기를 마련했다. 여기서
그치지 않고 한중일 자유무역협정 등을 체결하기 위한 협
상을 진행하고 있다.

두 마리의 토끼를
잡는 방법

놀면서 공부도 잘할 수 없을까?

아침 일찍 일어나 밥을 먹는 둥 마는 둥 졸린 눈을 비비며 학교에 가 네모난 교실, 네모난 책상에 앉는다. 국어 선생님, 영어 선생님, 수학 선생님이 번갈아 들어왔다 나가신다. 수업 시작과 끝을 알리는 종이 몇 번 울리더니, 어느덧 네모난 창문에 해가 뉘엿뉘엿 지고 있다.

그러나 집으로 돌아갈 수 없다. 머릿속에는 배틀그라운드, 리그 오브 레전드, 피파 온라인, 오버워치가 가득하다. 하지만 또 네모난 책가방을 메고 네모난 차를 타고 학원으

로 향한다. 또 국어 선생님, 영어 선생님, 수학 선생님이 번
갈아 들어왔다 나가신다.

"으악, 정말 놀고 싶다."

중·고등학생들의 평범한 일상이다. 놀고 싶은 만큼 놀
면서 공부를 잘할 수 있는 비법은 없을까? 그 특별한 비법
을 아는 사람이 있다면 용돈을 전부 털어서라도 비결을 알
아내고 싶다.

아마 우리의 아버지나 어머니도 비슷한 생각을 할 것이
다. 정말 피곤한 아침, 회사를 하루쯤 쉬고 싶다. 놀면서 돈
을 벌 수 있는 방법은 없을까?

경제학자들도 이런 고민을 한다. 위와 같은 상황에다 상
충관계trade-off라는 거창한 이름을 붙여 아주 심각하게 고민
한다. 상충관계란 두 마리 목표를 동시에 잡을 수 없는 상
황이다. 한 가지 목표를 달성하기 위해서는 다른 한 가지
목표를 희생 또는 포기해야 하는 곤란한 관계다. 흔히 "두
마리 토끼를 동시에 잡을 수 없다"는 비유적 표현을 사용한
다. 화살 하나로 토끼 두 마리를 동시에 잡을 수 있겠는가?
화살 쏘기의 귀재 로빈 후드에게도 불가능한 일이다.

경제학자들도 난감해하니, 놀이와 공부 사이에서 갈등
하는 학생들의 고민이 쉽사리 풀릴 리 없다. '놀이의 즐거

움'과 '좋은 성적', 이 두 마리 토끼를 동시에 잡을 수 있는 방법은 정녕 없단 말인가?

총과 버터의 문제

서양의 경제학자들은 상충관계를 '총과 버터의 문제'에 빗대곤 한다. 짐작하는 대로 총은 국방을, 버터는 식량을 상징한다. 어느 나라든 총과 버터 모두 필요하다. 그런데 문제가 있다. 다른 나라의 침략을 막기 위해 국방에 치중하다 보면 그만큼 식량 생산에 투자할 자원이 줄어든다. 이와 반대로 식량 생산에 몰두하면 국방에 소홀해지기 쉽다. 총을 더 생산하면서 버터를 포기해야 할지, 아니면 버터를 더 생산하면서 총을 포기해야 할지, 둘 중의 하나를 선택하지 않으면 안 된다.

한 나라가 이러한 선택을 해야 하는 이유는 간단하다. 사용할 수 있는 자원이 한정되어 있기 때문이다. 이 또한 희소성이다. 희소한 노동력과 물자를 총생산이나 식량 생산을 위해 배분해야 하는데, 한 가지에 치중하다 보면 다른 한 가지는 희생된다. 이것이 경제학자들이 이야기하는 상충관계다.

미니멀 경제학

한 예로 북한은 한국 전쟁 이후 군사력 강화에 치중하는 방향으로 자원을 계속 배분했다. 그 결과 군사력을 보강하는 데는 성공했지만, 국민의 식량이 부족해져 굶어죽거나 북한을 이탈하는 주민이 속출했다.

실업이냐, 인플레이션이냐

실업률이 낮고 물가 상승률도 낮은 나라. 모든 경제학자가 꿈꾸는 이상향이다. 일하고 싶은 사람들은 모두 일할 수 있는 완전 고용과 물가 안정을 달성하기 위해 모든 국가는 노력한다.

하지만 완전 고용과 물가 안정 역시 서로 다른 방향으로 달아나는 두 마리 토끼라 할 수 있다. 지금까지의 경험과 우리의 지식으로는 완전 고용과 물가 안정을 동시에 달성하기가 매우 어렵다. 실업률과 물가 상승률은 상충관계에 있으며, 둘 중 하나를 선택해야 한다.

실업률이 높은 수준이라고 하자. 정부는 실업률을 낮추기 위해 시중에 돈의 공급을 늘리거나 재정 지출을 늘린다. 그 결과 경기가 활성화하고 일자리를 창출하여 실업률이 낮아진다. 그렇지만 이러한 정책은 수요를 증가시켜 물가가 상승하고 인플레이션이 발생하는 부작용을 낳는다. 실업률이라는 토끼는 잡았지만 물가 안정이라는 토끼는 저 멀리 달아난 셈이다.

이와 반대의 경우도 마찬가지다. 인플레이션이 심한 나라의 정부가 물가를 안정시키기 위해 긴축 정책을 편다고 하자. 이 정책에 힘입어 물가는 안정될지 모르지만, 그 대신에 경기가 둔화되어 실업자가 늘어나는 부작용이 발생한다.

효율성과 형평성의 문제

경제학에서 가장 큰 관심을 기울이는 상충관계의 예는 효율성efficiency과 형평성equity이다. 효율성은 주어진 노력과 자원을 통해 최대의 성과를 낳는 상태를 말한다. 같은 자원을 이용해 재화를 10개 생산하는 기업은 9개 생산하는 데 그친 기업보다 효율적이다. 형평성은 사람들이 생산물을 골고루 나누어 갖는 상태를 말한다. 공평성이라고도 한다.

아버지와 어머니가 하루쯤 쉬고 싶어 하는 회사에 좋은 일이 생겼다. 회사 이윤을 직원들에게 동일하게 나누어주기로 경영 방침을 정한 것이다. 그 결과 모든 직원이 똑같

이 5000만 원씩의 연봉을 받게 되었다. 형평성 차원에서 최고의 목표를 달성한 셈이다.

그런데 1년이 안 되어 회사의 최고 경영자가 울상이 되었다고 한다. 꾀를 부리는 사람들이 나타나기 시작한 것이다. 여기저기서 불평불만의 목소리도 터져 나왔다. 아버지와 어머니도 볼멘소리를 감추지 않았다.

"나는 정말 회사를 위해 열심히 일했어. 내 옆 동료는 근무 시간에 SNS를 자주 하고 주식 투자도 하고 수시로 지각 출근하고 찜질방도 갔어. 그런데도 연봉이 똑같다니."

"나는 하루도 빠지지 않고 회사에 나갔어. 어떨 때는 주말에도 나가서 일을 했는데, 이건 옳지 않아."

결국 열심히 일하면 손해라고 생각하면서 근무를 게을리하는 직원들이 많아져 1년 후 회사의 이윤이 감소했고, 한 사람에게 돌아가는 몫이 4000만 원으로 줄어들었다. 회사는 형평성을 달성했지만 효율성이 훼손되었으며, 그 결과 직원들의 주머니 사정이 1년 전보다 가난해졌다.

경영자는 회사의 방침을 바꾸어 직원이 회사에 기여한 몫에 비례해서 연봉을 지급하기로 했다. 직원들은 더 많은 연봉을 받기 위해 열심히 일하고 창의적인 아이디어를 많이 제안하기 시작했고 회사 이윤도 크게 증가했다. 1억 원 이상의 고액 연봉을 받는 직원들이 생기기도 했다. 하지만 어떤 직원은 가정에 개인적인 일이 많고 건강도 좋지 못해 회사 이윤에 별 기여를 하지 못했고, 그 결과 연봉이 깎여 3000만 원밖에 받지 못했다.

회사 전체로는 이윤이 증가했지만, 어떤 직원은 부자가 되었고 어떤 직원은 가난해졌다. 심지어 회사에서 퇴출되는 직원들도 하나씩 늘어갔다. 효율성은 달성했지만 형평성은 훼손된 것이다.

이러한 논리는 국가 전체로 확대 적용할 수 있다. 어느 나라가 효율성을 강조하다 보면 경제는 빠르게 성장할 수 있지만, 그 대가로 국민들의 형평성이 훼손되어 빈부 격차가 심화될 수 있다.

반대로 형평성에 초점을 맞추다 보면 소득이 균등해질 수 있지만 경제의 효율성이 떨어져 다 같이 가난해질 수 있다.

상충관계를 극복하는 방법은?

효율성과 형평성에 존재하는 상충관계를 극복할 수 있는 방법이 없을까? 이는 오랫동안 경제학자들의 숙제였고, 지금도 연구가 계속되고 있다. 회사에서 능력에 따른 연봉을 지급함과 동시에, 능력은 부족하더라도 최선을 다하는 직원에게는 능력에 해당하는 연봉 외에 추가로 일부를 더 주는 제도를 도입하는 회사도 있다.

이런 방법을 통해 우리는 효율성과 형평성의 문제를 어느 정도 해결할 수는 있다. 그렇지만 직원들이 최선을 다하는지 게으름을 피우는지를 정확하게 측정하기가 매우 어렵다는 문제가 여전히 남는다.

여러 나라에서 도입하고 있는 생산적 복지 시스템 역시 효율성과 형평성이라는 두 마리 토끼를 잡아보려는 노력의

일환이다. 일할 능력이 있음에도 정부가 각종 복지 혜택을
후하게 제공하고 있어서, 일을 열심히 하지 않는 사람들이
생겨난다. 복지병 또는 선진국병이라고 부르는 현상이다.
이 경제적 질병을 치료하기 위해, 빈곤층이 열심히 일을 하
는 경우에 복지 혜택을 제공함으로써 스스로 가난으로부터
탈피하도록 유도하자는 것이 생산적 복지의 골자다.

가격을 내렸는데
왜 판매량이 늘지 않는 걸까?

세일하는 날은 사람 구경하는 날

백화점에서 세일하는 날이다. 엄마는 아침 일찍부터 백화점에 가려고 만반의 준비를 하고 있다. 세일하는 날에는 문을 열기 전부터 가 있어야 한다는 것쯤은 20년 가까운 주부 경력을 자랑하는 엄마에겐 기초 상식이다. 좀 늦게 갔다간 엄청난 인파에 치여 좋은 물건을 고르기는커녕 남의 뒤통수만 보다 온다.

백화점을 비롯해 기업들이 세일을 하는 이유는 사람들이 많이 몰리기 때문이다. 즉, 수요량이 증가하는 걸 노린

것이다. 물건 값이 1만 원이면 하루에 100개가 팔려 매출이 100만 원이지만, 7,000원으로 할인하면 200개가 팔려 매출이 140만 원으로 껑충 뛴다. 따라서 기업은 세일 덕을 톡톡히 본다.

그런데 기업이 세일하면 매출이 늘어난다고 생각하면 잘못이다. 경제가 그렇게 단순하지만은 않다. 그처럼 단순하다면 누구나 경제 박사가 되어 있게? 그렇다면 뭐가 잘못이란 말인가.

이런 경우를 생각해보자. 기업이 물건 값을 7,000원으로 할인했는데 130개 팔리는 데 그쳤다. 가격을 내린 덕분

미니멀 경제학

에 수요량이 증가하기는 했지만, 하루 매출을 계산해 보니 91만 원이었다. 아뿔싸. 왜 세일을 했지? 후회가 밀려오지만 이미 때는 늦었다. 물건을 사 간 손님들만 횡재했을 뿐, 기업은 재미를 보지 못했다.

그렇다. 기업이 세일을 한다고 매출이 항상 늘어나지는 않는다. 분명히 세일을 하면 수요량은 늘어난다. 이것을 수요의 법칙law of demand이라고 한다는 것쯤은 상식이다. 그런데 왜 매출은 항상 늘어나지 않고, 이럴 수도 저럴 수도 있을까?

아마 눈치 빠른 사람들은 그 이유를 이미 파악했을 것이다. 이제 그 경제 원리를 따져보자.

매출 또는 판매 수입은 물건의 가격과 판매 수량을 곱해서 구한다. 할인할 때 가격이 내려간 정도와 판매 수량이 증가한 정도에 따라서, 세일 후의 매출은 증가할 수도 있고 감소할 수도 있다.

가격이 내려간 이상으로 판매량이 크게 증가하면 두 값을 곱한 매출은 증가한다. 그러나 가격이 내려간 것에 비해 판매량이 많이 증가하지 않으면 매출은 오히려 감소한다.

이제 이상한 듯 보였던 문제가 해결되었다. 경제학자들은 이 문제를 탄력성이란 개념을 이용해 깔끔하게 정리했다. 이제 그들의 세계로 들어가보자.

너무 탄력적이에요! 너무 비탄력적이군요!

가격이 10퍼센트 내려갔을 때 수요량이 얼마나 증가하는지는 재화나 서비스마다 다르다. 더운 여름날 학교 앞 가게에서 아이스크림을 평소의 절반 값에 판매한다. 그전에는 눈길도 주지 않던 학생이라도 유혹을 뿌리치기가 쉽지 않다. 대부분의 학생들이 가게로 들어가 아이스크림을 하나씩 집어 든다.

이날 아이스크림 판매량이 평소의 세 배로 증가했다고 하자. 이럴 때 경제학자들은 아이스크림 수요가 가격에 대해서 탄력적elastic이라고 표현한다. 가격이 변화할 때 수요량이 매우 예민하게, 즉 많이 반응한다는 뜻이다. 많이 늘어나는 고무줄이 탄력적이라는 데서 착안한 경제 용어다. 탄력적이란 말은 가격의 변화에 비해 수요량이 많이 변한다는 뜻이다.

물론 아이스크림과 달리 가격이 변화할 때 수요량이 예민하게 반응하지 않는 재화도 있다. 어느 날 버스 요금이 30퍼센트 내렸다고 상상해보라. 기쁘기 그지없다. 이날 버스를 타는 손님은 얼마나 늘어날까? 별로 늘어나지 않을 것이다. 버스 요금이 내렸다고 학교 수업을 빼먹고 여기저기 돌아다닐 학생도 없고, 출퇴근을 하루에 두세 차례 되풀이하는 회사원도 없을 테니까. 버스를 이용하려는 손님은 요금 인하에 별로 반응하지 않는다. 경제학자들은 이를 가격에 대해 비탄력적inelastic이라고 표현한다. 경제학자들이 탄력성을 측정하는 방법은 다음과 같다.

수요의 가격 탄력성 = 수요량의 변화율 ÷ 가격의 변화율

따라서 가격이 10퍼센트 내릴 때 수요량이 20퍼센트 증가하는 재화가 있다면 이 재화의 가격 탄력성은 2이며, 탄력성이 1보다 크다는 점에서 이 재화의 수요는 가격에 대해 탄력적이라고 말한다. 가격이 20퍼센트 내릴 때 수요량이 6퍼센트 증가하는 재화가 있다면 이 재화의 가격 탄력성은 0.3이며, 이 재화의 수요는 가격에 대해 비탄력적이다.

가격을 내릴까, 아니면 올릴까?

아이스크림처럼 수요가 가격 탄력적인 재화는 가격이

내리면 수요량이 크게 증가해 매출도 증가한다. 이런 사실을 알고 있는 아이스크림 기업이라면 가격을 할인해 매출을 늘리는 전략을 세울 수 있다.

반대로 가격 비탄력적인 재화는 가격이 내릴 때 수요량이 조금밖에 늘지 않아 매출이 오히려 감소하므로 기업은 다른 방안을 고민해야 한다. 그렇다. 바로 가격을 올리는 방안이다.

가격이 오르면 수요량은 감소하지만, 조금만 감소한다. 그러면 매출이 증가한다. 예를 들어 1만 원짜리 물건 값이 50퍼센트 오를 때 하루 수요량이 100개에서 80개로 감소하는 데 그친다면 매출은 100만 원에서 120만 원으로 증가한다.

이제 기업의 선택은 명백해진다. 자신이 팔고 있는 재화나 서비스가 가격에 대해 탄력적이라면 매출을 늘리기 위해 가격을 내릴 필요가 있다. 반대로 가격 비탄력적이라면 매출을 늘리기 위해 가격을 올릴 필요가 있다.

버스나 지하철 같은 대중교통 수단의 요금이 지금껏 한 번도 내린 적이 없는 이유는 수요가 비탄력적이어서다. 요금을 내려봤자 매출 증대에 도움이 되지 않는다.

대중교통의 탄력성을 확인할 수 있는 현실 실험이 있었

다. 2018년 1월, 건강에 치명적인 영향을 미치는 미세먼지가 심각하자 서울시는 자가용 이용을 억제하기 위해 대중교통 이용 요금을 무료로 하는 긴급 대책을 발표했다. 그렇지만 그날 대중교통 이용객은 별로 늘어나지 않아 이 정책은 효과를 보지 못했다. 대중교통에 대한 수요가 매우 비탄력적이라는 경제적 사실을 도외시하여 정책이 실패로 돌아간 것이다.

명품 가방에 대한 수요도 가격에 비탄력적인 것으로 알려져 있다. 가격을 내려봤자 수요량이 크게 늘어나지 않는다는 사실을 알고 있는 명품 가방 기업은 가격을 내리기는커녕 불경기에도 고가 판매를 한다. 어차피 살 사람은 산다는 확신 때문이다.

트랙터로 배추밭을 뒤엎는 농민의 심정

작황이 좋아 풍년이 들면 농부는 기뻐할 것 같은데 꼭 그렇지만도 않다. 오히려 자신의 밭을 트랙터로 갈아엎는 농부들이 뉴스에 등장하곤 한다. 이 역시 탄력성과 관계가 있다. 이제 알 것이다. 우리도 현실의 경제 세상으로 들어가기에 충분한 지식이 있으니까.

배추 농사가 풍년이면 공급이 크게 증가해 배추 가격이 하락한다. 하지만 배추 가격이 하락한다고 해서 사람들이 김치 소비량을 크게 늘리는 건 아니다. 배추에 대한 수요는 가격에 비탄력적이다. 배추뿐 아니라 대부분의 농산물에 대한 수요는 가격에 대해 비탄력적이다.

결국 풍년이 들면 농가의 매출은 오히려 감소한다. '풍년이 들면 농가는 시름'이라는 역설이 성립하는 이유는 비탄력적인 농산물 수요 탓이다. 그렇다고 흉년이 들기를 기도할 수도 없는 노릇이다. 탄력성! 이놈이 열쇠를 쥐고 있다.

노동의 가격은
어떻게 결정될까?

수요와 공급의 법칙

형태를 지니고 있는 재화든, 형태가 없는 서비스든 공통점이 하나 있다. 수요와 공급에 의해서 가격이 결정된다는 점이다. 재화의 크기와 관계없이, 서비스의 종류와 무관하게, 시장에서 수요와 공급이 눈에 보이지 않게 상호 작용해 가격을 결정한다.

공급에는 변함이 없는데, 수요가 증가하면 가격이 상승한다. 수요에는 변함이 없는데, 공급이 증가하면 가격이 하락한다.

수요와 공급이 함께 변하면? 수요는 증가하고 공급이 감소하면 당연히 가격은 더욱 많이 오른다. 수요는 감소하고 공급이 증가하면 가격이 크게 내린다. 여기까지는 어려움이 전혀 없다. 삼척동자도 이해할 만하다.

이제 수요와 공급이 함께 증가하면 어떨까? 어려워 보이지만 실상은 어렵지 않다. 수요와 공급 가운데 어떤 것이 더 많이 증가하는지에 따라 가격은 오를 수도 있고, 반대로 내릴 수도 있다.

만약 수요가 공급보다 더 많이 증가하면 수요 증가의 영향이 더 크므로 가격이 오른다. 만약 수요와 공급이 모두 감소하는 상태에서, 수요가 공급보다 더 많이 감소하면 수요 감소의 영향이 더 크므로 가격이 내린다.

이와 같은 가격 결정 원리를 인터넷 강의 시장에 적용해서 다시 한번 생각해보자. 결론부터 말하자면, 달라질 건 하나도 없다.

인강 시장에서 인강 서비스 공급자는 학원이나 관련 업체다. 수요자는 인강을 보기 원하는 학생들이다. 만약 인강 서비스 공급에 아무런 변화가 없는데, 인강 보기를 원하는 학생이 많아지면 가격이 오른다. 반대로 원하는 학생은 그대로인데 인강 서비스업체가 많아지면 인강 가격이 내린다. 특정 과목의 인기가 많아지면 그 과목의 인강을 이용하려는 수요가 증가하므로 가격이 오른다.

인강을 이용하려면 한 달에 3만 원을 내야 한다고 가정하자. 앞에서도 설명했듯이 이는 시장에서 수요와 공급이 상호 작용하여 결정된 가격이다.

이제 정부가 3만 원은 너무 비싸서 가정 형편이 어려운 학생에게 부담이 된다고 판단해 가격을 2만 원으로 낮추도록 강제하는 규제를 시작했다고 상상해보자. 정부의 취지는 좋다. 경제 사정이 좋지 않은 학생은 가뜩이나 학원 같은 사교육을 받지 못하는데 인강마저 이용하지 못하는 일은 막아야겠다는 뜻이다.

이와 같이 정부가 수요와 공급에 의해서 결정되는 시장 가격을 인위적으로 규제하는 행위를 가격 통제price control라고 한다.

하지만 이 가격 통제의 영향을 생각해본 적이 있는가? 정부의 바람대로 좋은 결과만 보장될까?

이제 2만 원으로는 도저히 수지 타산이 맞지 않아 인강 서비스를 제공하지 못하는 업체가 생긴다. "우리는 땅 파서 장사하는 줄 아냐"며 불만을 터뜨리고 인강 서비스를 중단한다. 차라리 다른 사업을 하겠다고 나선다. 또는 수입이 감소한 인강 서비스업체는 관련 직원을 줄인다.

어떤 업체는 인강 서비스를 계속 제공하되, 질을 낮춘다. 이윤을 남겨야 하므로 2만 원의 가격에 맞추어 생산비를 줄이려는 시도다. 인강 서비스 계약 조건을 바꿀 수도 있다. 무료로 다른 과목 두 개를 더 들을 수 있게 했던 조건을 한 개로 줄이거나 아예 없애는 식이다.

결국 학생들이 선택할 수 있는 인강 서비스의 선택 폭이 좁아진다. 학생들은 질이 떨어지는 인강 서비스를 이용하게 된다. 일부 직원은 일자리를 잃는다.

가격 통제를 통해 가정 형편이 어려운 학생이 인강을 볼 수 있게 되지만, 다른 한편으로는 많은 불특정 학생과 관련 산업이 피해를 입는다.

정부가 가격을 강제로 올리면?

정부가 시장에서 결정된 가격보다 낮게 통제하는 경우만 있는 게 아니다. 오히려 가격을 높이도록 규제하는 경우도 있다.

이번에는 정부가 3만 원으로는 인강 서비스업체에서 수지를 맞출 수 없다고 판단해 4만 원은 받아야 한다고 규제하는 경우를 상상해보자. 인강 서비스업체가 적자로 문을 닫으면 많은 직원이 실직자가 되고 그 가족이 고통을 받으므로 가격을 높이라고 규제한 것이다.

그 덕분에 인강 서비스업체는 사정이 좋아진다. 그러나 역시 공짜는 없는 법. 그 이면에는 피해를 보는 사람이 있다. 비싸진 가격을 부담하기 어려워 인강 서비스를 포기하는 학생들이 생겨난다. 울며 겨자 먹기로 인강을 보는 학생들은 지출해야 하는 돈이 많아져 소비자 잉여가 줄어든다.

정부가 아무리 좋은 취지를 가지고 가격을 통제한다고 하더라도, 시장에서는 그로 인해 혜택을 보는 집단만 있는 게 아니라 피해를 입는 집단도 항상 함께 나타난다. 사회 전체적으로 혜택의 크기와 피해의 크기 가운데 어느 쪽이 더 큰지 판단하기 어렵다. 그래서 사람들 사이에 항상 찬반 논쟁이 끊이지 않는다.

인강 시장을 가지고 생각해본 가격 통제의 영향에 대한 경제 논리는 다른 재화나 서비스에도 그대로 적용된다.

　이제 먼 길을 돌아 노동시장과 임금의 문제를 살펴볼 때가 되었다. 누구나 돈을 벌어야 하고 그러기 위해서는 일을 해야 한다. 그래서 노동시장과 임금에 대한 지식은 필수적이다.

　자신의 노동을 공급하고 그 대가로 받는 보수를 임금 wage이라고 한다. 우리나라에서는 일반적으로 한 달에 한 번 지급되므로 임금의 대부분은 월급 형태로 받는다.

임금은 어떻게 결정될까? 노동은 인간이 보유하며 공급하는 매우 특별한 서비스이므로 경제학에서는 노동의 가격이라고 부르는 대신에 임금이라는 별도의 이름을 붙였다. 이름만 색다를 뿐, 노동의 가격이므로 임금은 노동 수요와 노동 공급에 의해서 결정된다는 원리에는 변함이 없다.

다만 다른 점이 하나 있다. 일반적인 재화나 서비스의 경우에는 각 개인이 수요자이며, 기업이 공급자다. 하지만 노동은 수요자와 공급자가 바뀐다. 노동을 수요하는 쪽은 기업이다. 기업이 재화나 서비스를 생산하려면 노동이 필요하므로 노동자를 수요한다. 노동을 공급하는 쪽은 개인이다. 소득을 얻기 위해서 자신이 보유하고 있는 노동력을 기업에게 공급한다.

말도 많고
탈도 많은 임금 문제

최저임금의 딜레마

시장에서 결정되는 임금 수준이 너무 낮아서 생계유지가 어려운 사람들이 우리 주변에 있다. 그래서 정부는 이들의 임금을 더 높이도록 규제한다. 한 시간에 최소한 이 정도의 임금은 주어야 한다고 법으로 정한다. 이것이 최저임금minimum wage이다. 특별한 기술이 없는 단순 육체노동자, 편의점 등에서 아르바이트를 하는 학생들은 대개 최저임금의 영향을 받는다.

높아진 최저임금을 받게 되는 사람들은 당연히 이러한

통제 정책의 최대 수혜자다. 문제는 여기에서도 피해자가 나온다는 점이다.

이제 노동자를 채용하고 있는 편의점 주인의 입장이 되어보자. 이전과 동일한 노동을 하는데 인건비가 높아졌다면 직원을 줄이고 싶다. 이게 수요의 법칙이다. 어느 물건 가격이 오르면 소비자가 그 물건의 수요량을 줄이는 것처럼, 기업도 임금이 오르면 노동에 대한 수요량을 줄인다.

그래서 지금까지 다섯 명 채용하던 직원을 네 명으로 줄인다. 일자리를 잃게 된 한 명이 최대 피해자다. 이 사람은 지금까지 일을 하면서 비록 적었지만 소득이 있었다. 그런데 최저임금이 높아진 탓에 졸지에 일자리를 잃고 소득이 0이 되어버렸다.

일자리를 지키는 데 성공해 높아진 최저임금을 받는 노동자들이 느끼는 행복은, 실직자가 되어버린 사람들이 흘리는 눈물 덕분이다. 이 세상에 공짜는 없다는 말이 실감난다.

정답은 어디에 있을까?

실직자들의 눈물이 얼마나 많이 발생하는지는, 최저임

금이 올라갈 때 기업이 노동 수요량을 얼마나 줄이는지에, 즉 탄력성에 달려 있다. 만약 최저임금이 올라가더라도 기업이 수요량을 줄이지 않는다면 얼마나 좋을까? 피해자는 없고 혜택을 보는 사람만 있을 테니까. 그렇지만 시장에서 치열하게 경쟁하고 있는 기업으로서는 인건비 상승을 그대로 받아들일 여력이 크지 않다.

기업이 이윤의 일부를 희생해서라도 어려운 사람을 도와줘야 하는 것이 아니냐며 기업의 사회적 책임을 강조하고 싶을지도 모르겠다. 그런데 기업이라고 모두 이윤을 많이 내고 여유롭게 사업한다고 생각하면 큰 오산이다. 기업이라고 표현하니까 노동자보다 유리한 입장에 있고 으리으리한 건물을 갖고 있는 유명 대기업을 떠올리는 경향이 있다. 하지만 최저임금의 영향을 받는 노동자들을 채용하는 기업은 주로 자영업자, 소상공인이다. 이들 역시 힘들게 사업을 하며 생계를 꾸리고 있다. 한 푼이 아쉬운 기업들이다.

또 여력이 있는 기업이라 할지라도 문제가 그리 낭만적이지 않다. 최저임금에 해당하는 일부 노동자들만 임금을 올려준다면 참을 만하다. 하지만 고임금을 받고 있는 나머지 노동자들의 임금도 함께 올려주어야 한다. 그렇게 하지 않으면 고임금 노동자들의 불만이 터져 나와 노동 의욕과 직원 사기에 문제가 생기기 때문이다.

이번에는 주로 대기업에 해당되는 임금 관련 이슈를 생각할 단계가 되었다. 임금피크제다.

전통적으로 우리나라는 '호봉제'라는 임금 체계를 갖고 있다. 입사한 이후 근무 경력이 길어질수록 그 사람의 호봉이 높아지고, 호봉에 연계해서 임금이 자동적으로 오르는 체계다. 대개 1년에 1호봉씩 높아진다. 그래서 갓 입사한 신입사원보다 10년 된 과장의 임금이 높고, 20년 된 부장의 임금은 더 높다. 이러한 방식을 '연공서열제'라고도 한다.

호봉제는 나이가 많아질수록 자녀가 생기고 또 성장하면서 생활비가 늘어나는 현실을 고려한 임금 체계다. 나이에 따라 증가하는 생활비를 마련하는 데 적합한 구조다.

매우 이상적으로 보이는 호봉제 임금에도 문제가 있다. 사람은 대개 젊었을 때 아니면 중년 무렵에 생산성이 최고에 이른 후 떨어지기 시작한다. 체력이 달리고 집중

력이 떨어지며 기술 변화에 대한 적응력도 뒤처진다. 그
럼에도 호봉제하에서는 나이가 많아진다는 이유로 임금
이 계속 오른다.

정년에 가까워지는 노동자는 생산성이 임금에 미치지
못하므로 기업으로서는 손해다. 그래서 기업들은 나이가
많은 직원을 선호하지 않는다. 고참 한 명을 해고하면 신참
두 명을 채용할 수 있는 돈이 나온다는 말도 나온다.

그런데 50대에 직장에서 해고되면 큰일이다. 자녀는 아
직 독립하지 않았고 자녀 결혼비용 등 앞으로 필요한 자금
이 엄청나다. 자신의 노후 생활비도 마련해야 한다. 이는

미니멀 경제학

개인이나 가정의 문제일 뿐 아니라 사회 문제이기도 하다.

　이러한 문제를 극복하기 위한 대안으로 임금피크제를 채택하고 있는 기업들이 있다. 정년에 가까워지면 기계적으로 임금을 올려주지 않고 오히려 줄이되, 대신 정년까지 고용을 보장해주는 타협안이다. 대신 정년을 몇 년 연장해주기도 한다. 기업은 임금을 많이 주지 않아서 좋다. 해당 노동자는 비록 임금이 줄지만 실직되어 소득이 0으로 되느

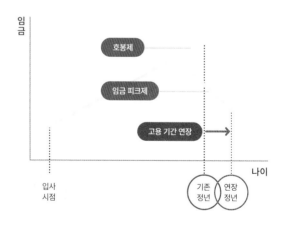

[임금피크제와 호봉제 비교]

니 임금피크제를, 즉 임금 삭감을 받아들인다.

임금피크제는 고령화 문제 해결에도 도움이 된다. 고령화 인구가 급증하고 있는 상황에서 은퇴자의 급증은 국가에 큰 부담이다. 이들의 정년을 연장하면서 소득을 유지할 수 있다면 노동자의 안정적 노후 생활에 도움이 되며 정부는 연금과 복지비용을 절약할 수 있다.

그런데 여기에도 여지없이 공짜는 없다는 원리가 꿈틀거린다. 임금피크제에도 문제점이 있다. 기업이 장년층을 계속 고용하고 있는 만큼 신규 채용에는 소극적일 수밖에 없다. 청년층의 일자리에 부정적 영향을 미칠 수 있다는 뜻이다. 그래서 임금 피크제는 '아랫돌 빼서 윗돌 괴는 꼴'이라는 비판을 받는다.

3부

돈과
시장의
비밀

원화의 가치가
급상승하고 곤두박질치는 이유

싫으나 좋으나 외국으로 여행을 떠나기 전 은행에 가서 여행할 나라의 돈으로 교환해야 한다. 이때 우리나라 돈 얼마를 외국 돈 얼마로 교환할 수 있는지가 문제다. 미국 돈 1달러를 받으려면 우리나라 돈 몇 원과 바꾸어야 할까?

두 나라 돈의 교환 비율이 환율exchange rate이다. 세계 각국의 돈이 다양한 것처럼 환율도 다양하다. 하지만 미국의 달러가 국제적 화폐로 사용되고 있으므로 언론에 가장 자주 등장한다. 미국이 세계 경제의 중심인 탓에 우리의 관심

이 가장 많이 집중되는 것도 미국 달러와의 환율이다. 참고로 국제 거래에서 가장 널리 쓰이고 있는, 이른바 세계의 중심 화폐를 기축통화key currency라고 부른다.

환율을 어려워하거나 혼동하는 사람들이 많다. 솔직히 환율이 급격히 상승하면 해외로 유학을 떠나려는 학생들이 왜 피해를 보고 학부모들의 어깨가 왜 무거워지는지, 환율이 내리면 왜 수출업체에게는 손해고 수입업체에겐 이익인지 등이 이해가 잘 안 되기도 한다. 그러나 환율의 원리를 알고 나면 이런 복잡한 문제들이 아주 명쾌하게 풀린다.

미니멀 경제학

환율을 표시하는 방법으로 두 가지를 생각해볼 수 있다. 첫째는 우리나라 원화를 기준으로 환율을 표시하는 것이다. 다음과 같이 1원은 몇 달러에 해당하는지를 표시하는 방법이다.

1원 = 0.001달러 또는 0.001달러 / 1원

하지만 현재 기축통화는 미국의 달러다. 그래서 국제 시장이나 우리나라에서는 통상적으로 이러한 방법을 사용하지 않는다. 그 대신 미국 1달러를 기준으로 각 나라 돈의 교환 비율을 따져 표시한다.

1달러 = 1,000원
또는 1,000원 / 1달러

즉, 미국 1달러를 얻기 위해 우리 돈을 얼마나 지급해야 하는지를 나타내는 방법이다. 달리 이야기하면 '미국 돈 1달러'라는 물건을 얻기 위해 우리가 지불해야 하는 가격이라고 해석할 수 있다.

물론 어떤 방법으로 표현하든 돈의 가치에는 변함이 없

다. 다만 기준으로 삼는 돈이 원화인지 달러인지의 차이가 있을 뿐이다.

환율은 시소 게임

환율이 그동안 1달러에 1,000원에서 1,100원으로 올랐다고 하자. 이것은 1달러를 사기 위해 1,000원을 내면 되었지만 이제는 1,100원을 지불해야 한다는 의미다. 우리나라 돈의 대외 가치가 하락한 것이다. 이처럼 외국 돈과 대비할 때 우리나라 돈의 가치가 하락하는 현상을 '원화가 절하되었다'고 말한다.

환율의 상승 = 원화의 가치 하락 = 원화 절하

여기에서 한 가지 조심해야 할 점이 있다. 환율이 올랐다는 것과 원화의 가치가 하락했다는 것이 같은 의미인데, 오르고 내리는 방향이 서로 반대라는 점이다.

환율과 원화의 가치는 일종의 시소 게임이다. 시소 양끝에 환율이라는 녀석과 원화 가치라는 녀석이 타고 있다고 생각하면 쉽다. 환율이 오르면 원화 가치는 내리고, 원화

가치가 오르면 환율은 내린다.

왜 돈의 가치가 수시로 변하는 걸까?

우리가 국내 시장에서 물건을 살 때는 달러를 사용하지 않는다. 지갑에 행운의 2달러를 넣고 다니는 사람들이 더러 있기는 하지만, 평소에 달러를 가지고 다니는 사람을 만나기는 어렵다.

하지만 달러는 의외로 쓰이는 데가 많다. 기업은 외국에서 재화나 서비스를 수입할 때 그 수입 대금을 달러로 결제한다. 또한 우리나라 사람들이 외국의 주식을 살 때도 달러를 쓴다. 해외여행이나 어학연수를 떠나는 사람들에게도 달러가 필요하다. 이런 다양한 이유들이 더해져 달러에 대한 수요가 된다.

우리나라에 달러가 공급되는 것은 반대의 경우를 생각하면 된다. 우리나라 기업들이 재화나 서비스를 수출하고 달러를 받는다. 기업들은 직원의 월급이나 재료 구입비를 주기 위해 달러를 원화로 환전한다. 그 과정에서 달러가 시중에 공급된다. 이 외에 외국인들이 우리나라 주식을 살 때 또는 외국인 관광객이 우리나라에 들어와 돈을 쓸 때 우리나라 시장에 달러가 공급된다.

이와 같은 달러의 수요와 공급에 의해 환율이 결정된다. 그래서 환율을 달러의 가격이라고 말한 바 있다.

달러를 찾는 사람들이 늘어나서 달러에 대한 수요가 증가하면 달러 가격은 상승한다. 즉 환율이 상승한다. 원화의 가치는 하락한다. 경제 위기 당시 우리나라에 달러가 별로 공급되지 않는 상태에서 달러를 원하는 수요가 매우 커서 환율이 급상승하고, 원화 가치가 곤두박질친 적이 있다.

환율과 해외여행

골치 아픈 환율이란 녀석이 뉴스에 자주 등장하는 이유는 그만큼 이 녀석에게 관심이 있는 사람들이 많다는 뜻이리라. 무역하는 기업인만 환율에 관심이 있다고 생각하면 오해다. 기업인이든 소비자든, 어른이든 학생이든 우리 모두 직간접적으로 환율의 영향을 받는다.

환율의 영향을 모두 다 따지려면 끝도 없으니, 여기에서는 두 가지만 생각해보자.

먼저 해외여행을 하려는 사람들에게 미치는 영향이다. 여행지가 어딘지에 관계없이 환율의 영향에 차이가 없으므로 미국으로 여행하거나 유학가려는 사람에 초점을 두자. 이 사람은 여행 경비로 1,000달러가 필요하다.

환율이 달러당 1,000원이라면 우리 돈 100만 원을 마련해야 한다. 만약 환율이 2,000원이라면 200만 원을 마련해야 한다. 미국 여행에 필요한 돈을 마련하는 데 시간이 더 필요하고, 돈을 모을 때까지 여행을 미뤄야 한다.

이와 같이 환율이 오르면 해당 국가의 화폐 가치가 오르므로 경비 부담이 커진다. 환율이 내리는 경우에는 당연히 정반대의 영향이 나타난다.

환율이 오르면 수출에 도움이 돼!

이번에는 환율 변동이 수출과 수입에 어떤 영향을 미치는지 생각해볼 차례다. 우리나라가 생산해서 미국으로 수출하는 볼펜 가격이 2,000원이라고 하자. 환율이 1,000원이라면 미국 시장에서 2달러에 팔린다. 만약 환율이 2,000원으로 오르면 같은 볼펜의 가격이 미국 시장에서 1달러로 하락한다.

볼펜 가격이 2달러에서 1달러로 하락했으므로 볼펜을 사려는 미국 사람들이 증가한다. 우리나라의 볼펜 수출량이 증가한다는 뜻이다. 이와 같이 환율이 상승하면 일반적으로 우리나라 수출품의 가격 경쟁력이 높아져 수출에 도움이 된다.

우리나라가 수입하는 물건에 대한 영향은 지금까지 생각했던 수출에 대한 영향과 정반대일 것이라는 정도는 충분히 짐작할 수 있을 터. 그렇다. 환율이 상승하면 우리나라가 수입하는 물건들의 가격이 비싸지므로 수입량이 감소한다.

중국이 고집을 피웠던 이유

우리나라를 비롯한 전 세계 대부분의 나라들은 환율이 시장에서 자유롭게 결정되는 변동 환율 제도를 시행하고 있다. 이에 비해 일부 국가는 정부가 개입해 환율을 꽁꽁 묶어두는 고정 환율 제도를 채택하고 있다. 그 대표적인 나라가 중국이었다.

중국은 자국 화폐인 위안화의 가치를 낮게 유지하려고 환율을 높은 상태로 묶어놓았다. 그 결과 중국은 공장을 24시간 가동해도 모자랄 만큼 수출이 잘 되어 엄청난 무역 수지 흑자와 높은 경제 성장률을 기록할 수 있었다. 반면 미국을 비롯한 선진국들은 중국의 값싼 물건이 홍수처럼 수입되어 무역수지 적자로 몸살을 앓았다.

이는 자유무역의 관점에서 보자면 공정하지 못한 처사다. 자국 화폐의 환율을 높게 고정시키면 수출을 늘리는 데 도움이 된다. 물건의 품질이 좋아 수출이 잘 되는 것이 아니라, 정부가 환율을 높게 고정한 덕분에 물건 값이 싸져서 수출이 잘 되기 때문이다. 이러한 욕심이 충돌하면 국가 사이에 무역 분쟁이 발생할 소지가 많다.

미국은 계속되는 무역 적자를 더 이상 감당하기 어려워지자 중국에 환율을 인하하라고 요구했다. 이 때문에 한때 두 나라 사이에는 팽팽한 긴장감이 감돌기도 했다. 마침내 중국은 고정 환율 제도를 포기한다고 발표했다. 하지만 지금도 중국은 정부가 시장에 개입해서 위안화 환율을 인위적으로 높은 수준에 머물도록 유도하고 있어 미국의 불만을 사고 있다.

세월이 흘러도
가격은 요지부동

앵무새 경제학자

"가격은 수요와 공급에 의해 결정된다."

이 말을 들어보지 못한 사람은 아마 한 명도 없을 터. 기본 가운데 기본 경제 원리라 할 수 있다. 어떤 경제학 책을 펼쳐 보아도 이 내용은 빠지지 않고 나온다.

사람 말을 잘 따라 하는 앵무새에게 '수요'와 '공급'이라는 말만 가르치면 경제학자로 만들 수 있다는 농담이 있을 정도다. 실제로 수요, 공급, 가격에 대한 이해는 경제학적 사고를 위한 핵심이자 상당 부분을 차지한다.

그런데 여기에서 이런 궁금증을 가져본 적이 있는지 모르겠다. 수요와 공급은 매일매일 조금씩이라도 변하기 마련인데 왜 가격은 그에 반응해 매일매일 조금씩 변하지 않지? 가격이 몇 달 동안 변하지 않음은 수요와 공급에 의해 가격이 결정된다는 원리에 심각한 문제가 있는 게 아닐까?

채소, 고기, 생선, 휘발유, 주식, 외환, 채권처럼 매일 또는 수시로 가격이 변하는 것들이 있다. 이는 수요와 공급의 변화가 가격에 반영되기 때문이다. 하지만 우리 주변에는 가격이 잘 변하지 않는 재화나 서비스가 훨씬 더 많다. 책, 과자, 영화표, 자동차, 미용서비스 등은 몇 달, 심지어 몇 년 동안 가격이 변하지 않고 고정된 채 거래된다. 왜 그럴까? 이들 재화와 서비스의 가격은 수요와 공급에 의해 결정되지 않아서인가?

비용과 편익의 저울질

이러한 궁금증에 대한 경제학자의 대답은 확고하다.

"가격 결정 원리에 아무런 문제가 없다."

모든 재화와 서비스의 가격은 수요와 공급에 의해 결정된다. 그렇다면 가격이 수시로 변하지 않는 현상에 대해서는 어떻게 설명해야 할까?

한마디로 말하면, 가격이 수시로 변하는 것보다는 일정 기간 동안 유지되는 것이 기업이나 소비자 모두에게 이득이기 때문이다.

수요와 공급이 변할 때마다 가격이 이를 반영해 수시로 변동한다고 상상해보자. 좋은 점은 수요와 공급 상태를 고스란히 그리고 신속하게 반영했다는 것이다. 우리가 얻는 편익은 이뿐이다. 반면에 여기에는 많은 비용이 발생한다.

가격이 불확실해진다는 점이 가장 먼저 생각할 수 있는 비용이다. 기다리던 점심시간이다. 아침을 대충 먹어서 배고프다. 더운 날씨를 한 방에 날릴 수 있는 냉면을 먹고 싶다. 그런데 냉면 가격이 얼마인지 정확히 알 수 없다. 어제는 1만 원이었다고 들었는데 오늘 점심에는?

냉면의 공급과 수요가 어제에 비해 얼마나 어떻게 달라졌는지 식사하려는 고객이 정확히 알 도리가 없다. 혹시 어제보다 냉면 가격이 많이 올랐으면 어쩌지? 그래도 먹어야 하나? 딴 걸 먹어야 하나?

음식 가격을 확인하기 위해 식당에 전화를 한다. 오늘 냉면 재료의 공급이 원활하지 않아서 가격이 오르고 더운 날씨에 냉면을 먹으려는 손님들이 몰리고 있어 냉면 가격

이 어제보다 2,000원 비싸졌다는 식당 주인의 설명을 듣고
나면 냉면에 대한 욕구가 봄에 눈 녹듯이 사라질지 모른다.

영화표 가격도 그날의 수요와 공급을 정확하게 반영하
기 위해 경매를 통해 결정된다면 어떻게 될까? 영화를 보
려는 사람들은 정해진 시각에 극장 앞에 모여 극장 주인과
의 경매를 통해 가격을 결정한다. 관람객이 몰리는 주말이
면 영화표 가격이 폭등하고, 주중이나 아침에는 폭락할 터.
경매 과정을 통해 결정된 가격이 마음에 드는 사람은 영화
표를 구입하고 가격이 마음에 들지 않는 사람은 발걸음을
돌린다.

두 가지 사례를 상상해보았다. 가격의 불확실성으로 인
해 예상할 수 있는 불편함과 비용이다. 가격이 불확실하면
우리의 의사결정이 매우 복잡해지고 결정하기까지 오랜 시
간이 필요해진다.

기업에게도 부담

다음으로 기업도 가격을 수시로 변경하는 데 많은 비용
을 써야 한다. 음식점이나 극장은 식사 가격과 영화표 가격
을 매일 또는 수시로 변경해서 음식점과 극장 안팎에 붙여

야 하고 아직 출발하지 않은 손님들을 위해 SNS를 통해 가격을 알리는 안내를 수시로 해야 한다. 무시하지 못할 비용이 소요된다.

가격을 수시로 변경함으로써 얻는 편익보다 가격 변화를 고시하거나 안내하는 데에 들어가는 비용이 훨씬 더 크다. 또 가격이 얼마인지 모르는 상황에서 소비자는 재화를 선뜻 구매하려 하지 않으므로 수요가 위축된다는 점도 기업이 부담해야 하는 비용이다.

기업이 가격을 수시로 변화시키면, 특히 가격을 올리면 이미지가 나빠질 수 있다는 점도 고려해야 한다. 어느 해 여름, 이상 고온으로 에어컨에 대한 수요가 급등하고 에어컨 품귀 현상이 벌어지고 있다. 당연히 에어컨의 가격은 올라야 한다.

그렇지만 기업이나 백화점이 에어컨 가격을 인상하면 소비자로부터 많은 비난이 쏟아진다. 서민들은 날씨로 고생하는데, 기업은 날씨를 이용해 폭리를 취한다는 비난 댓글이 SNS를 도배할 것이다. 기업은 이미지를 먹고 산다고 한다. 좋은 이미지를 유지해야 하고 소비자의 호감을 사야 하는 기업으로서는 수요가 급증했음에도 에어컨 가격을 올리지 않기로 결정한다.

결국 기업은 장기적인 수요와 공급을 고려해 가격 인상이 불가피하고 정당하다는 확신이 설 때까지 가격을 조정하지 않는다. 소비자도 빈번한 가격 변화를 원하지 않는다. 그러다 장사가 잘 안 되어 재고가 많이 쌓이면 견디지 못한 기업은 예정에 없던 할인 행사를 시작한다.

재화나 서비스 가격이 오랜 기간 동안 고정된 상태로 유지되고 있다고 해서 가격이 수요와 공급에 의해 결정되지 않음을 의미하지는 않는다. 수요나 공급의 변화 정도가 크지 않을 때는 차라리 가격을 그대로 유지하다가 이들 영향이 누적되어 무시하지 못할 정도로 커지면 몇 달이나 몇 년 만에 가격을 한꺼번에 변화시키는 것이다.

다만 농수산물처럼, 특히 공급의 변화가 심한 재화의 경우에는 가격을 수시로 조정하는 관행이 오래전부터 자리 잡혀 있다. 소비자들도 수시로 변하는 농수산물이나 휘발유 가격에 대해서는 비교적 관대한 입장을 보인다.

하방 경직성을 아시나요?

경제학자들은 가격이 변하는 게 더 적절함에도 불구하고 쉽게 변하지 않고 있는 현상을 가격이 경직적sticky이라고 표현한다. 그런데 이따금씩 변하는 가격을 자세히 들여다보면 흥미로운 점 하나가 추가로 더 드러난다.

휘발유를 보자. 중동에서 전쟁 위기가 고조되고 있다느니, 국제 정세가 불안하다느니 하는 뉴스가 들리면 곧바로 국제 시장에서 유가가 올랐다는 소식으로 이어진다. 그러면 국내 주유소의 휘발유 가격도 바로바로 올라가기 시작한다. 하지만 불안 요인이 사라지고 국제 유가가 하락하고 있다는 소식이 들린 다음에도 한참 동안 국내 주유소의 휘발유 가격은 내려가지 않는다.

미니멀 경제학

이른바 하방 경직성이다. 가격은 오르기보다 내리기가 더 힘든 특성이 있다. 오를 때는 가격이 빛처럼 신속하게 올라간다. 하지만 수요가 감소하거나 공급이 증가함에도 한번 오른 가격은 좀처럼 내려가지 않는다.

그나마 휘발유는 양반이다. 시간 또는 속도의 문제일 뿐, 언젠가는 내린다. 우리가 그동안 샀던 물건들을 보면, '정기 할인' 같은 일시적 행사를 제외하곤, 가격이 내린 적이 거의 없다. 이발 요금이 내린 적이 있는가? 값이 내린 짜장면을 먹어본 적이 있는가?

임금을 내리지 않는 이유

소비자 입장에서는 가격의 하방 경직성을 기업의 욕심 탓으로 돌리는 경향이 있다. 더 많은 이윤을 얻으려고 기업이 가격을 내릴 여지가 있음에도 내리지 않고 폭리를 취한다는 생각 때문이다.

그렇다면 임금의 하방 경직성은 어떻게 생각하는가? 임금에서도 하방 경직성 현상이 두드러지게 나타난다. 한번 오른 임금은 떨어지기 힘들다는 것쯤은 기초 상식. 실업률이 지속적으로 상승해 노동 시장에 구직자가 넘쳐나도, 임금은 요지부동이다. 임금을 받고 있는 노동자 입장에서 볼 때, 임금의 하방 경직성이 자신의 욕심 때문이라고 자책할 사람은 없다.

임금이 하방 경직적인 이유에는 여러 가지가 있다. 장기로 맺은 노동계약이나 노동조합의 강한 교섭력 때문에 임금이 내려가지 못한다는 주장이 그 가운데 하나다.

임금이 삭감되면 직원의 사기 저하, 생산성 하락으로 기업의 실적이 오히려 악화될 수 있다는 주장도 가능하다. 기업이 임금을 내릴 경우, 비용 절감 효과보다 생산성 저하로 인한 손실이 더 클 수 있다는 뜻이다. 그러므로 기업은 직원의 동기 부여를 위해서 임금을 낮추려 하지 않는다.

행동 경제학에서는 공정성 요인을 제시한다. 사람에게는 준거점으로부터 벗어나는지의 여부를 중요하게 생각하는 경향이 있다. 노동자들은 지금까지 받고 있던 임금 준거점에서 멀어지면, 특히 임금이 감소하면 공정성에 심각한 문제가 발생하고 있다고 받아들인다. 이로 인해 생산성이 저하되고 기업 실적이 악화된다.

이와 관련된 실험이 하나 있었다. 어느 지역에서 평균 수준의 임금을 지급하는 작은 회사가 있다. 최근 회사 실적이 이전보다 좋지 않아서 경영자는 직원들의 임금을 10퍼센트 정도 깎기로 했다. 실적이 좋지 않으므로 임금 삭감이 합리적이라고 여겨지는 이 정책에 대해서 응답자의 61퍼센트가 공정하지 않은 조치라고 대답했다.

이처럼 가격이 내려가는 방향으로 경직적인 현상에는 복잡한 요인들이 숨어 있다.

같은 물건에
가격이 두 개?

나, 돌아갈래!

대학교 앞에 있는 식당에서 간혹 경험할 수 있는 상황이 하나 있다. 같은 음식인데 학생 요금과 일반 성인 요금이 다른 경우다. 누구에게 더 비싼 요금을 요구하는지는 굳이 밝히지 않아도 알 것이다.

이와 같이 기업이 같은 재화이지만 소비자들을 구분해서 가격을 다르게 부과하는 현상을 가격차별이라 한다. 학생에게 짜장면의 양을 더 적게 주지도, 성인이라고 해서 특별한 자리를 내어주거나 더 많은 친절을 베풀지도 않는다.

같은 짜장면을 먹는데 성인이 학생보다 500원 정도 더 내야 한다.

가격차별 사례는 생각보다 많이 있다. 지금까지 미처 인식하지 못했을 뿐이다. 극장에서 성인은 청소년보다 더 비싼 돈을 내고 영화를 봐야 한다. 똑같은 영화를 똑같은 자리에 앉아서 보는데 말이다. 비행기를 타더라도 학생에게는 저렴한 요금이 적용된다. 스마트폰의 경우에도 성인보다 훨씬 저렴한 학생 요금이 따로 있다.

위에서 언급한 사례들의 공통점을 눈치 챘는가? 기업이 학생에게는 낮은 가격을, 성인에게는 높은 가격을 부과한 다는 점이다. 학생과 성인 사이에 어떤 차이가 있기에? 학생이 나이가 어려서? 공부하느라 힘들어서? 모두 아니다.

기업이 가격차별을 하는 이유는 물론 이윤에 도움이 되기 때문이다. 손해 보는 일을 기업이 할 리 없다. 가격차별이 어떻게 기업의 이윤에 도움이 될까? 그 답은 수요의 가격 탄력성에 있다.

학생과 성인 가운데 누구의 가격 탄력성이 작고 클까? 학생의 가격 탄력성이 크다. 그 이유는 학생의 소득 또는 용돈이 성인에 비해 훨씬 적기 때문이다. 그래서 학생은 가격에 매우 예민하게 반응하므로 수요의 가격 탄력성이 크다. 이들에게 가격을 조금 낮추어주면 수요량이 크게 증가하고, 가격을 조금 높이면 수요량이 크게 감소한다.

반면에 성인은 수요의 가격 탄력성이 작은 편이다. 이들에게는 조금 비싸게 가격을 정하더라도 수요량이 별로 감소하지 않는다.

기업에서 이러한 차이점을 이용하는 것이 바로 가격차

별이다. 가격 탄력성이 큰 소비자 집단에게는 가격을 낮게, 가격 탄력성이 작은 소비자 집단에게는 가격을 높게 적용해 이윤을 늘리는 전략이다.

보통 사람들에게는 학생에게 낮은 가격을 부과하는 행위가 극장 주인의 친절한 호의로 비쳐질 수 있다. 경제학자들은 이를 이윤 추구를 위해 성인에게 높은 가격을 부과하는 가격차별로 해석한다.

가격차별은 바가지요금과 다르다. 수요의 가격 탄력성에 기반을 두고 체계적으로 다른 요금을 부과하는 행위가 가격차별이라면, 바가지요금은 뚜렷한 근거 없이 사람에 따라 기분에 따라 특정 소비자에게 비싼 가격을 부과하는 행위다.

얼리 어답터는 가격차별의 희생양

가격차별의 적용이 학생과 성인이라는 두 집단에만 국한되지는 않는다. 단지 학생과 성인은 수요의 가격 탄력성이 크게 다르고 누구나 쉽게 학생 여부를 식별할 수 있다는 점에서 흔히 목격할 수 있을 뿐이다.

같은 성인이라 해도 개인 특성에 따라 가격 탄력성이 다르고, 또 이를 쉽게 식별할 수 있다면 기업은 호시탐탐 가격차별 전략을 적용하려 시도한다.

해외여행을 하려면 환전이 필요하다. 환전할 곳은 크게 두 군데. 근처에 있는 은행이나 공항에 있는 은행이다. 누구나 잘 알다시피 같은 은행이더라도 두 곳의 환전 결과는 엄청 다르다. 공항에서는 매우 비싸게 환전해야 한다.

근처 은행에서 환전하는 사람은 누구이고, 공항 은행에서 환전하는 사람은 누구일까? 평소 환율에 신경 쓰고 한 푼이라도 아끼는 성향이 있는 사람, 즉 가격 탄력성이 큰 사람은 근처 은행을 찾는다. 환율 변동을 주의 깊게 관찰하다가 이때다 싶은 날 은행으로 달려간다. 이러한 특성의 고객이 이용하는 시내 은행에서는 환율을 높게 부를 수 없다.

반면에 공항에서 환전하는 사람은 막다른 골목에 이른 사람이다. 회사 업무로 평소에 환전할 시간이 없던 사람으로서, 공항이 환전할 수 있는 마지막 장소다. 이런 사람의 가격 탄력성은 거의 0에 가깝다. 환율이 높더라도 마지못해 환전해야 한다.

얼리 어답터와 그렇지 않은 소비자 사이에도 가격차별이 있다. 얼리 어답터는 전자제품이 출시되면 바로 사야 직성이 풀리는 사람이다. 가격에 별로 신경 쓰지 않는다. 가격 탄력성이 매우 작다는 뜻이다. 기업은 전자제품 출시 초기에 가격을 비싸게 부과해 얼리 어답터에게 가격차별을 실행한다.

시간이 흘러 얼리 어답터들이 구매를 마친 것으로 판단되면 기업은 가격을 내리기 시작한다. 드디어 가격에 예민하게 반응하는 일반 소비자들이 구매할 때가 되었다.

쉬운 식별이 첫 번째 조건

가격차별이 기업의 이윤에 보탬이 된다지만 우리 주변에는 가격차별이 이루어지는 재화나 서비스보다는 그렇지 않은 재화나 서비스가 훨씬 더 많다. 예를 들면 분명히 육식을 즐기는 사람은 채식주의자보다 고기에 대한 수요의 가격 탄력성이 작을 게 분명하며 고기를 사는 데 더 많은 돈을 낼 의향이 있을 것이다.

하지만 슈퍼마켓에서는 고기를 좋아하는 사람에게 더 비싸게 팔지 않는다. 슈퍼마켓이 가격차별을 하지 않는 이유는 무엇일까? 경제 원리를 잘 모르기 때문일까?

만약 슈퍼마켓이 가격차별을 하면 어떤 현상이 나타날지 생각해보면 이에 대한 답을 얻을 수 있다. 슈퍼마켓에서 고기를 좋아하는 사람에게 고기 가격을 비싸게 차별하면 고기를 사려는 사람은 너나없이 자신은 고기를 좋아하지 않는다고 주장할 것이다.

슈퍼마켓의 입장에서는 고객의 말을 믿지 않을 근거가 없다. 정육점 앞에서 큰 혼란이 벌어진다. 고기를 좋아하는지의 여부를 파악하는 데 들어가는 시간과 비용이 가격차별로 인한 이윤 증가보다 더 많다. 슈퍼마켓의 입장에서는 누가 가격 탄력성이 큰지를 구분할 수 없어서 가격차별을 하고 싶어도 할 수 없다.

기업이 가격차별을 할 수 있는 첫 번째 조건은 가격 탄력성에 따라 소비자를 쉽게 구분할 수 있어야 한다는 것이다. 극장이나 항공사는 외모나 신분증으로 두 집단(학생과 성인)을 쉽게 구분할 수 있으므로 가격차별이 가능하다. 반면에 개인의 취향이나 식성 등은 구분하기 힘들다.

차익거래 방지가 두 번째 조건

그렇다면 이런 상상도 가능하다. 고기를 좋아하지 않는 사람들의 모임이 있다면 엄격한 심사를 거쳐 회원에게 회원증을 발급해준다. 슈퍼마켓은 회원증을 보유하고 있는 사람에게만 할인된 가격으로 고기를 판매하면 가격차별이 가능하지 않을까?

그래도 문제는 여전히 남는다. 채식주의자가 회원증을 제시해 싼 가격으로 고기를 구입하고서 그리고 그것을 고기를 좋아하는 사람에게 적당한 이윤을 남기고 되팔 수 있다. 정육점에는 고기를 좋아하는 사람이 오지 않아도 된다.

이제 기업이 가격을 차별하기 위한 두 번째 조건을 알 수 있다. 저렴한 가격에 재화를 구입한 소비자가 높은 가격을 부담해야 하는 소비자에게 재화를 재판매하는 차익거래가 불가능해야 한다. 유원지나 극장에서 저렴한 가격에 표를 구입한 학생이 어른에게 표를 되팔 수 없도록 학생표의 색깔을 달리하거나 입장 시 신분증 제시를 요구하는 것은 차익거래를 방지하려는 목적 때문이다.

가격차별이 재화보다는 재판매가 불가능한 서비스에 대해서 주로 이루어지는 이유가 여기에 있다.

나 홀로 있는 시장에서
벌어지는 일들

신비로운 시장의 힘

　수많은 사람이 모여드는 곳. 수많은 사람보다 더 많은 상품이 즐비한 곳. 사람과 사람이 만나고 상품과 돈이 교환되는 곳. 하루에도 이루 헤아릴 수 없이 많은 거래가 이루어지는 곳. 시장이다.

　시장은 신기하다 못해 신비스럽기조차 하다. 어떻게 저 많은 사람과 상품이 별다른 혼란 없이, 특별한 문제없이, 원만하게 거래될까? 정부가 일일이 가격을 정해주지도 않으며 그렇다고 시장을 통제하는 빅 브라더가 있는 것도 아닌데…….

어느 순간 정부가 나서 "오늘부터 시장에서 거래되는 모든 상품의 가격과 수량을 직접 정하겠다"고 선언해야 한다면 아마 하루도 못 가서, 아니 단 1분도 못 가서 두 손을 들고 말 것이다. 이 일을 만약 슈퍼컴퓨터나 《해리포터》에 등장하는 마법의 모자에게 맡긴다고 할지라도 혀를 내두르며 줄행랑을 칠 것이다.

시장은 이처럼 어마어마한 일을 자기 스스로 알아서 매일 하고 있다. 실로 시장은 위대하고, 그 힘은 놀랍기 그지없다.

시장도 실패할 때가 있다

애덤 스미스Adam Smith는 그 옛날, 시장에 '보이지 않는 손invisible hand'이 있다고 했다. 애덤 스미스가 보이지 않는 손이라는 용어로 표현했던 이 신비로운 힘의 정체는 사실 가격price이다.

가격은 수요와 공급 또는 수요자와 공급자를 맺어 주는 핵심 역할을 한다. 그리고 가격에 의해 이루어지는 교환은 이 세상에 존재하는 여러 자원을 효율적으로 배분해주는 역할을 한다. 이처럼 가격을 통해 자원이 효율적으로 배분되는 이상적인 결과를 가져다주는 시장을 완전경쟁 시장이라고 한다.

완전경쟁 시장에서는 나태한 기업이나 생산성이 떨어지는 비효율적인 기업은 자연스럽게 도태된다. 다른 기업보다 재화를 비싸게 생산하거나 품질이 떨어지는 재화를 생산하면 소비자의 철저한 외면을 받게 된다. 효율적인 기업만 생존해 자원을 효율적으로 사용한다.

또한 소비자가 원하지 않는 재화를 생산하는 기업도 완전경쟁 시장에서는 버티지 못한다. 소비자가 그 기업의 재화를 구매하지 않으므로 문을 닫아야 한다. 그 결과 소비자가 원하지도 않는 재화를 생산하는 데 자원을 투입하는 '비효율적 배분'이 사라진다. 이것이 완전경쟁 시장의 특징이다.

그렇지만 불행하게도 현실에서는 가격이 자원의 효율적 배분을 보장하지 못하는 현상이 가끔 발생한다. 이른바 시장 실패market failure다. 경제학자들은 어떤 경우에 시장이 실패하는지를 밝히는 데 성공했다.

완전경쟁 상황이 아니라 독점이나 과점 상태가 되면 시장이 실패한다.

외부 효과가 발생하거나 공공재 시장에서도 시장이 실패한다. 외부 효과나 공공재 문제 등은 잠시 뒤로 미루고, 여기에서는 먼저 독점 문제부터 생각해보자.

싱글벙글 상인과 우울한 소비자

다시 시끌벅적한 시장이다. 우리의 눈과 귀를 사로잡는 상인이 한 명 있다. 발을 구르고 손뼉을 치고 박자를 맞춰가며 경쾌하고 시원한 목소리로 외친다. 물건을 하나라도 더 팔기 위해 분주하다. 그는 물건 값을 마음대로 올릴 수 없다. 값을 올릴 경우 옆 가게에 손님을 빼앗길 게 뻔하다.

그런데 만약 그 상인이 팔고 있는 물건을 다른 사람들은 팔고 있지 않다면 상황은 어떻게 변할까? 그는 목이 터져라 외치지 않아도 될 것이다. 찌는 더위에 발을 구를 필요도 없고, 손바닥이 부어오르도록 손뼉을 칠 이유도 없다. 게다가 값을 올려 받아도 되고, 손님들에 대한 서비스에 신경 쓰지 않아도 된다. 어차피 손님들은 자신에게 오게 되어 있다.

이처럼 시장에 공급자가 하나인 경우를 독점이라 한다. 하나의 판매자가 시장을 지배하는 구조다.

    상인이나 기업 입장에서는 다른 상인이나 기업과 경쟁할 필요가 없는 독점이 좋겠지만, 다수를 차지하는 소비자들은 울상이다. 다른 데서 상품을 구입할 수 있다면 흥정이라도 해보고 불친절한 서비스에 항의라도 해보겠지만, 대안이 없다. 물건이 꼭 필요하다면 울며 겨자 먹기로 그 상품을 구입할 수밖에 없다. 그래서 사회 전체적으로 보면 후생welfare 수준이 낮아진다.

소비자들은 독점 시장을 싫어하지만, 현실엔 분명히 독점 시장이 존재한다. 왜 독점 시장이 생겨나고 또 사라지지 않는 것일까?

여러 가지 요인으로 설명할 수 있다. 특정한 상품을 만드는 기술을 개발한 기업은 특허를 얻어 독점적으로 상품을 생산한다. 다른 기업은 특허권이 없으므로 그 상품을 생산하고 싶어도 생산하지 못한다. 그래서 특허권이 유효한 기간 동안에는 독점이 유지된다.

그리고 또 한 가지, 경제학자들이 특별한 의미를 부여하는 독점이 있다.

대부분의 재화나 서비스는 생산량을 늘릴수록 한 개당 생산비가 줄어든다. 즉, 자동차를 1만 대 생산할 때보다 10만 대 생산할 때 대당 생산비가 적게 든다. 짜장면도 하루에 10그릇 만드는 경우보다 100그릇 만드는 경우에 단가가 적게 든다.

이러한 현상을 규모의 경제라고 한다. 생산 규모가 커질수록 경제적이라는 뜻이다. 과자나 화장품의 경우에도 소량 용기보다는 대량 용기 제품의 단가가 더 싼 원인도 규모의 경제와 무관하지 않다.

규모의 경제 현상이 나타나고 있는 경우에는 굳이 여러 기업이 경쟁적으로 그것을 나누어 조금씩 생산하는 것보다 하나의 기업이 홀로 생산하는 편이 경제적이다. 생산 비용이 저렴해 소비자에게도 이득이다.

자원이 효율적으로 분배되는 것을 가장 이상적인 상태로 여기는 경제학자들이 이러한 이유로 생겨나는 독점을 마다할 리가 있겠는가. 이런 이유로 발생하는 독점을 자연독점natural monopoly이라고 부른다.

과거 우리나라에는 자연독점에 해당하는 기업들이 여럿 있었다. 한국전력, 철도청, 대한항공 등이 대표적인 예다. 그렇지만 점차 시장 수요가 많아지면서, 한 개의 기업이 생산을 담당하는 것이 오히려 경제적이지 못한 상황이 벌어지기 시작했다. 그래서 자연독점 기업이 하나둘 사라졌다.

독점 기업이 돈을 들여가며 광고를 하는 이유

독점 기업이면 광고를 하지 않더라도 가만히 앉아서 돈을 긁어모을 수 있지 않을까? 경쟁 기업들이 많이 있는 경우보다 그럴 가능성이 높은 것이 분명하지만, 단순하게 그

미니멀 경제학

럴 것이라고 생각한다면 아직 경제적 사고를 충분히 지니지 못한 탓이다.

독점 기업이 두 발 뻗고 편안하게 영업하지 못하는 첫 번째 이유는 잠재적 경쟁자가 등장할 수 있다는 우려 때문이다. 시장에는 돈을 벌 기회를 호시탐탐 노리고 있는 기업들이 많이 있다. 이들은 모두 독점 기업의 잠재적 경쟁자다. 독점 기업이 안주하고 있는 동안 어떤 기업이 더 나은 기술, 더 나은 원료를 가지고 시장에 들어와서 강력한 도전장을 내밀지 모른다.

이런 경우에 대비해서 독점 기업이라 해도 광고를 통해 소비자의 마음을 계속 붙잡아놓을 필요가 있다. 잠재 기업이 도전장을 내밀 때 자기 제품을 계속 사용해줄 우군이나 충성 고객을 확보해놓는 전략이다. 물론 광고를 통해, 광고를 하지 않을 때보다 새로운 고객을 더 많이 늘릴 수 있다는 효과도 기대한다.

두 번째 이유는 독점 기업도 시장 지배력을 유지할 필요가 있기 때문이다. 비록 같은 제품이 아니더라도 유사한 제품이 경쟁자로 떠올라 독점 기업이 생산하고 있는 제품 시장을 침범할 수 있다. 만약에 콜라가 독점이라면 사이다, 과일 맛 탄산수처럼 비슷한 만족감을 주는 제품이 경쟁업체에 의해 출시될 수 있다. 그러면 콜라 수요가 감소한다.

독점 기업의 제품에 스스로 등을 돌리는 소비자도 생길 수 있다. 콜라를 좋아하던 사람이 건강을 생각해 과일 음료를 마시기 시작할 수 있다. 광고를 통해 콜라의 짜릿함을 강조하며 소비자가 마음을 돌리지 못하도록 막을 필요도 있다.

독점 기업도 광고를 해야 할 여러 가지 이유가 있는 셈이다. 물론 광고비는 제품 가격에 반영해 결국은 소비자가 부담하게 된다.

CGV, 롯데시네마, 메가박스는
친구일까 경쟁자일까?

끼리끼리 경제

하나의 기업이 독보적인 영향력을 행사하는 것이 독점이라면, 몇 안 되는 소수의 공급자 또는 기업이 시장을 나누어 장악하고 있는 곳이 과점 시장이다.

우리나라 이동통신 시장은 SK텔레콤, KT, LG유플러스가 지배하고 있어 과점이다. CGV, 롯데시네마, 메가박스가 대부분을 차지하고 있는 상영관 시장도 과점이며 농심, 오뚜기, 팔도, 삼양식품이 지배하고 있는 라면 시장도 마찬가지다.

시장을 규정할 때 기업의 수만 보지 말고 기업의 점유율까지 고려해야 한다. 예를 들어 우리나라 상영관 시장은 위의 세 개 회사가 '대부분을 차지하고' 있을 뿐, '전부'는 아니다. 이들 세 개 상영관 외에도 작은 규모의 영화관들이 꽤 있다. 마찬가지로 라면 시장에도 각종 PB 상품을 만드는 기업이 있으며 그 외에도 라면을 생산하는 중소기업들이 꽤 존재한다.

이처럼 수십 개의 기업이 시장에서 재화를 생산하고 있더라도 상위 몇 개의 기업이 시장을 '사실상' 지배하고 있다면 이 시장을 과점으로 규정하고 있다. 이들 몇 개의 기업이 시장에 강력한 영향력을 행사하고 있으며, 전체 시장이 이들에 의해 좌지우지된다고 판단하기 때문이다. 나머지 기업들은, 비록 숫자가 많다고 하더라도, 몇 개의 대형 기업의 힘을 극복하기 어렵다.

우리나라에서는 상위 세 개 기업이 시장의 75퍼센트 이상을 점유하고 있으면 과점 시장으로 간주한다. 위에서 언급한 과점 시장의 예들은 모두 이 조건에 부합하므로 과점 시장으로 분류되고 있다.

독점과 과점 기업들을 합쳐서 시장에 커다란 영향력을 행사할 힘을 갖고 있는 기업이라는 뜻에서 시장지배적 사업자라고 부른다.

경쟁을 하든지 담합을 하든지

과점 시장에 있는 기업은 자신이 선택한 정책이 어떤 결과를 가져올지 정확하게 예상하기 어렵다. 예를 들어 이동통신 시장에서 A회사가 요금을 인하하는 정책을 채택하면 이윤이 얼마나 증가할지 예상하기가 힘들다. 왜냐하면 다른 B, C회사가 어떤 맞대응 전략을 취할지 알 수 없기 때문이다.

A회사의 요금 인하 정책으로 이윤이 얼마나 달라질지는 B나 C회사가 요금을 얼마나 인하하는지에 달려 있다. 이와 같이 상대방 기업의 정책이 자신 기업의 실적과 상호 연관되어 있는 것이 과점 시장에서 찾을 수 있는 보편적이고 중요한 특징이다.

이런 상황에 있는 과점 기업이 선택할 수 있는 전략 방향은 크게 두 가지로 나뉜다. 상대 기업과 경쟁하든지, 아니면 상대 기업과 사이좋게 담합하는 것이다.

우선 경쟁하는 모습을 생각해보자. 과점 기업들이 시장점유율을 높이고 이윤을 더 남기려고 다른 기업과 끊임없이 경쟁하는 경우다. 저마다 유명 모델을 출연시켜 광고에 열을 올리고, 제품의 질을 높이고 서비스를 차별화하는 데 여념이 없다.

이와 같은 과점 기업들의 경쟁을 소비자들이 마다할 리 없지만, 막상 따지고 보면 좋은 면만 있지는 않다. 이 과정에서 발생하는 비용이 상품 가격에 반영되어 결국은 소비자가 부담하는 꼴이다.

과점 기업은 가격 인하라는 특단의 조치를 취하기도 한다. 이른바 '가격 경쟁'이 시작된다. 하지만 가격 인하로 과점 기업이 얻을 수 있는 효과가 기대에 미치지 못할 수 있다. 다른 기업이 따라서 가격을 내린다면 말이다. 한 이동통신 회사가 요금을 내리면 다른 회사들도 따라서 요금을 내리는 것을 우리는 종종 목격한다.

결국 모든 기업이 가격을 내리면, 소비자는 이득을 보지만 기업은 이윤을 늘리는 데 실패한다. 이것이 가격 경쟁의 결과다.

이윤을 극대화하는 것이 최고 목표인 기업이 이러한 쓰라린 결과에 주목하지 않을 리 없다. 그래서 기본적으로 과점 기업은 가격 경쟁을 좋아하지 않는다. 내심 아무도 가격을 내리지 않기를 기대한다.

그래서 과점 기업에는 늘 "담합하면 좋겠는데" 하는 동기가 생긴다. 과점 기업들이 담합하면, 가격 경쟁이 사라지고 가격을 높게 유지할 수 있다. 또 기업들이 우월한 힘을 가지고 소비자의 힘을 누르며 자원을 비효율적으로 사용한다. 과점 기업들은 이윤을 안정적으로 확보할 수 있으며, 그로 인한 손실은 고스란히 소비자에게 돌아간다.

그래서 우리나라는 과점 시장에서 발생할 수 있는 담합 같은 불공정한 행위를 차단하고 적발하기 위해서 공정거래위원회를 설치해놓고 있다. 기업이 드러내놓고 담합하기가 불가능해졌다는 뜻이다.

그렇다고 기업이 백기를 들어 담합을 포기하고 늘 경쟁의 길로만 갈 리 없다. 정부의 단속에 걸리지 않도록 은밀하고 교묘한 방법으로 담합 효과를 얻을 수 있는 방안을 연구한다. 담합의 증거를 남기지 않으면서 서로의 경쟁을 줄이기로 무언의 약속을 하는 암묵적 담합이 그 가운데 하나다.

예를 들어 어떤 기업이 앞장서서 제품 가격을 올린다. 원재료 값 인상, 임금 상승 등 때문에 더 이상 견디기 힘들

며 가격 인상이 불가피하다는 명분을 내세운다. 이에 다른 기업들은 적당한 시차를 두고 따라서 제품 가격을 올린다. 결국 모든 과점 기업의 제품 가격이 같은 수준으로 인상된다. 드러내놓고 담합을 한 것과 같은 효과가 나타난다.

이러한 방법을 가격 선도price leadership라 부른다. 가격을 가장 먼저 올리는 기업을 가격 선도자라 한다. 대개 그 산업에서 시장 점유율이 가장 높거나 시장 수요를 측정하는 데에 뛰어난 능력을 보유한 기업이 이 역할을 맡는다.

가격 선도 현상은 어렵지 않게 목격할 수 있다. 한 신문

148

사가 신문 요금을 올리면 다른 신문사들도 하루 이틀의 간격을 두고 동일한 수준으로 요금을 따라 올린다. 한 커피 브랜드가 가격을 올리면 나머지 커피 브랜드들도 따라서 가격을 올린다.

한 기업이 가격을 올릴 때 다른 기업이 가격을 따라 올리는 행위가 반드시 담합의 결과라는 것을 입증하기 힘든 정부는 이를 금지하거나 처벌하지 못한다. 기업들의 생산과 비용 구조가 엇비슷해서 제품 가격도 같은 수준으로 올려야 한다는 과점 기업들의 주장에 반박할 수 있는 객관적인 담합 근거가 희박하기 때문이다.

카르텔은 아슬아슬해!

기업들이 가격, 생산량, 기타 의사결정에 있어 공공연하게 담합해 이윤을 늘리려는 시도로 카르텔cartel이 있다. 카르텔이 형성되면 기업들은 독점 기업 같은 무소불위의 힘을 보유할 수 있다. 물론 정부의 철저한 감시와 규제 때문에 오늘날 국내 기업들이 카르텔을 형성하는 일은 거의 불가능해졌다.

오늘날 카르텔의 대표적인 사례로는 석유수출국기구

OPEC를 꼽는다. 기업이 아니라 산유국들이 담합하는 행위이므로 마땅히 규제할 '사법기관'조차 없다. 그래서 유가가 불안정해질 때마다 언론에 언급되는 용어가 바로 이 석유수출국기구다.

다행히도 최근에는 석유수출국기구의 위력이 많이 약해졌다. 그 이유는 카르텔에 본질적으로 불안정한 요소가 내재되어 있기 때문이다. 모든 산유국이 예외 없이 석유수출국기구에 참여하지 않는다면 카르텔은 위력을 발휘하기 힘들다. 참고로 현재 산유국 가운데 러시아, 멕시코, 카자흐스탄 등이 석유수출국기구에 동참하지 않고 상당량의 석유를 시장에 공급하고 있다.

카르텔에 참여하지 않은 산유국이 석유수출국기구가 결정한 가격보다 낮게 석유를 공급하면 혼자서 더 많은 이윤을 취할 수 있다. 석유수출국기구 회원국과 비회원국 사이에 경쟁이 발생할 소지가 충분하다. 게다가 석유 수입국들은 가격이 낮은 비회원국에서 석유를 수입한다. 이런 상황에선 석유수출국기구가 카르텔이라고 하더라도 담합을 통해 가격을 계속 높게 유지하기 어려워진다.

또 회원국 사이에도 카르텔의 약속을 깨려는 동기가 항상 잠재해 있다. 카르텔이 독점 가격을 유지하고 있을 때 어떤 산유국이 약속을 어기고 조금 낮은 가격으로 석유를 팔거나, 석유 생산량을 늘린다면 혼자서 큰 이득을 얻을 수 있다. 국익이 산유국들 사이의 약속보다 중요하다고 판단될 때에는 카르텔도 의미가 없기 때문이다. 우리가 아니면 다른 나라가 먼저 선수를 칠 가능성도 있다.

사람들이 매일같이
경기 타령을 하는 이유

도대체 경기가 뭐길래?

"언제쯤 경기가 살아나려나 모르겠어."

"그러게 말이야. 가게에 손님도 없고 파리만 날리고 있다니까."

"요즘엔 정말 살맛이 나요. 백화점에도 사람들이 북적북적, 매출이 작년에 비해 벌써 30퍼센트나 증가했어요."

"경기가 항상 지금만 같으면 좋으련만······."

경제 뉴스에서 인터뷰에 응하는 상인들이 곧잘 하는 이야기들이다. 기자들의 질문에 상인들은 푸념을 늘어놓기도 하고, 모처럼 살아난 경기가 제발 오랫동안 지속되기를 바라는 소망을 비치기도 한다.

　사람들이 경기에 민감한 데는 그만한 이유가 있다. 가계의 살림이나 호주머니 사정이 경기에 달려 있기 때문이다. 소비자의 지갑은 경기가 좋을 때는 두툼해지고 경기가 나쁘면 홀쭉해진다. 재산이 많은 사람도 경기를 주의 깊게 관찰한다. 경기가 좋을 땐 주가가 오르는 경향이 있으므로, 주식 투자자도 아주 작은 경기 변화에 촉각을 곤두세운다.

　기업에게도 경기가 중요함은 두말할 나위가 없다. 경기가 좋아지면 생산이 활발해지고 수입이 증가하지만, 경기가 나빠지면 재고가 쌓이고 매출이 감소한다.

　정부도 예외일 수 없다. 경기 상황에 따라 적절한 경제 정책을 수립하고 실행해야 한다. 또 경기가 좋아지면 조세 수입이 증가하고 경기가 나빠지면 조세 수입이 감소하므로, 예산 편성에서도 늘 경기를 따져야 한다.

　흔히 경제를 살려야 한다고 할 때도, 좀 더 정확하게 말해 경기를 살려야 한다는 의미일 때가 태반이다.

좋았다가 나빴다가, 반복하는 경기

봄이 되면 화사한 꽃이 피고, 여름에는 땀이 비 오듯 쏟아질 만큼 덥고, 가을에는 오색의 단풍이 들고, 겨울에는 세상이 하얗게 변한다. 밀물이 밀려왔다 빠져나가면서 썰물이 된다.

경제에서도 비슷한 사건이나 현상이 일정한 패턴으로 반복된다. 경기도 좋아지고 나빠지는 과정을 반복한다. 이 현상을 경기순환business cycle이라고 한다. 이 모습은 마치

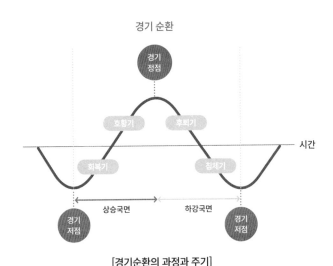

[경기순환의 과정과 주기]

수학에서의 사인sine 곡선 같다. 또는 산봉우리와 계곡의 모습에도 비유할 수 있다.

머릿속으로 먼 산의 능선이 만들어내는 곡선을 그려보자. 가장 먼저 눈에 들어오는 산봉우리가 있다. 산봉우리 맨 꼭대기에서 시선을 이동하면, 봉우리와 봉우리 사이에 시원한 물이 흐르는 계곡이 보일 것이다.

경제 활동 수준을 그래프로 그려보면 이와 비슷하다. 경제 활동이 활발해 경기가 상승하다가 마침내 꼭대기에 이르고, 그 이후부터는 경제 활동이 둔화되어 경기가 하강한

다. 그러다가 경기가 바닥에 이른 다음엔 다시 상승한다. 산봉우리에 해당하는 점을 경기 정점peak, 산의 계곡에 해당하는 바닥을 경기 저점trough이라 한다.

경기가 상승하는 시기에는 기업의 생산 활동이 활발하다. 기업은 자본 설비를 확충하고 생산량을 늘린다. 또 생산을 늘리기 위해 고용도 확대한다. 이때는 전체적으로 사람들의 소득이 증가한다. 소득이 증가하면 소비자들이 재화와 서비스를 많이 구입한다. 그래서 점차 물가도 오른다.

경기가 하강할 때는 반대의 현상이 나타난다. 기업의 생산 활동이 부진해지고, 자본 설비를 늘리는 투자가 위축된다. 이에 따라 생산량이 감소하고, 고용 역시 둔화된다. 그러면 사람들의 소득이 감소하므로 재화와 서비스에 대한 수요도 감소하고 물가가 안정된다.

경기가 바닥이면 곧 오를 텐데 뭐가 걱정?

그렇다면 경기가 끊임없이 순환을 반복하는데 많은 경제학자는 왜 걱정을 하고, 정부는 왜 경기를 살리기 위한 대책을 발표하고, 경기가 하락할까 봐 노심초사하는 것일까?

156

답은 경기가 상승하고 하강하는 속도, 즉 그래프의 기울기에 숨어 있다. 경기가 정점을 지나 하강하기 시작할 때, 사람들은 일반적으로 경기가 급속하게 하강하는 것보다는 이왕이면 완만하게 하강하기를 원한다. 경기의 급격한 변화는 그에 대처하는 여러 경제 주체들을 혼란스럽게 만들고 부작용을 가중시키기 때문이다.

소비자들은 급작스럽게 위축된 경제 상황에 미리 대처하지 못해 경제적 어려움에 처한다. 기업들은 갑자기 변화한 시장 상황으로 혼란을 겪는다. 어느 정도의 매출을 예상하고 제품을 생산했는데 판매가 턱없는 수준에 불과하다면 창고에 재고가 쌓이고, 빌린 자금을 갚기 어려워진다. 심한 경우 도산할 수도 있다. 그래서 정부는 경기가 완만하게 하강하도록 여러 가지 정책을 수립하고 실행한다.

이처럼 경기가 완만하게 하락하는 것을 '경기가 연착륙한다'고 말한다. 비행기가 공항의 활주로에 내릴 때, 부드럽게 착륙해서 승객들이 충격을 거의 느끼지 못하는 연착륙이 바람직하다는 데서 유래한 용어다. 비행기 조종사가 착륙 지점을 미처 보지 못해 급격하게 하강을 시도한다고 생각해보자. 승객들은 갑작스러운 고도 변화 때문에 위험한 상황에 노출될 것이다. 이와 마찬가지로 경기를 연착륙시키지 못하면 사회적으로 많은 대가를 치러야 한다.

경기가 나빠지면 소비자나 기업은 정부가 경기 회복 대책을 세우기를 기대한다. 그런데 정작 정부는 경기가 나쁘지 않다고 말하기 일쑤다. 이런 경기 논쟁은 자주 발생한다. 서로 자신에게 유리한 쪽으로 경기를 해석하려는 경향 탓이다.

경기와 관련한 논쟁을 잠재우기 위해서는 현재의 경기가 어떤 상황에 놓여 있는지를 정확하고 신속하게 판단할 수 있는 객관적 지표가 필요하다. 그 역할을 담당하는 국가 대표 지표가 국내총생산GDP이다.

국내총생산은 한 국가가 생산한 재화와 서비스의 가치를 모두 더한 것으로서, 해당 국가의 총체적인 경제 활동을 나타내는 대표적인 경기 지표임에 분명하다.

그렇다고 국내총생산이 경기와 관련한 모든 논쟁을 일소할 정도의 만병통치약은 아니다. 국내총생산을 구하는 일은 방대한 작업과 시간을 요하므로, 각국은 국내총생산 통계를 매월 작성하지 못하고 3개월 단위(분기)로 작성한다. 그 결과 국내총생산 통계는 신속성 또는 속보성이 떨어진다. 그때그때 신속하게 경기를 판단하는 데 한계가 있다.

그래서 경제 전문가들은 현재의 경기 상황을 더 신속하게 판단하고 미래의 경기를 예측하기 위해 월별로 발표할 수 있는 여러 가지 지표들을 추가로 개발해냈다. 그 중심에 경기종합지수라는 지표가 있다. 경기종합지수는 경기를 비교적 종합적으로 진단하는 데 유용하며, 월별로 작성된다는 점에서 신속성도 확보할 수 있다.

4부

뉴스가
쉬워지는
세상 속
경제 이야기

가사 도우미와 결혼하면
국내총생산이 줄어든다?

경제 성적표를 작성하는 법

"한 나라의 경제가 성장한다는 게 도대체 무엇일까?"

"한국은행은 우리 경제가 3퍼센트 넘게 성장할 것으로 예상한다는데, 경제 성장을 어떻게 계산하는 걸까?"

누구나 한 번쯤 가져봤을 법한 의문들이다.

식구가 몇 명밖에 되지 않는 우리 집조차 경제 여건이 현재 어떤 상태인지 또는 우리 집의 경제가 작년에 비해 얼마나 나아졌는지를 판단하기 어려운데, 그에 비할 수 없을 만큼 규모가 크고 구조도 복잡한 한 국가의 경제 상태를 어떻게 파악하는 건지 궁금하지 않으면 오히려 그게 이상하다.

도대체 정부나 전문가들은 우리나라 경제가 현재 어떤 상태에 있는지를 어떻게 판단하는 걸까? 아주 구체적으로 소수점 이하의 자리까지 사용해 우리 경제가 몇 퍼센트나 성장했는지 어떻게 말할 수 있을까?

이들에겐 아주 유용하게 쓰이는 자료가 있다. 바로 국내총생산이다. 세계 모든 국가는 자국의 경제 상태를 진단하고 파악하기 위해 국내총생산이란 경제 지표를 꼬박꼬박 작성하고 있다. 우리나라에서는 한국은행이 분기별로 작성한 후, 1년 치를 합산해 연간 국내총생산을 발표한다. 마치 중간고사, 기말고사가 끝날 때마다 그리고 한 학년이 마무리되면 학년 성적표가 작성되는 것처럼 말이다.

재화나 서비스의 생산량이 많아지면 커지는 국내총생산

국내총생산은 '우리나라 영역 안에서 생산한 최종재(최종생산물)의 가치를 모두 더한 값'이다. 즉, 국내총생산은 한 국가 안에서 기업들이 얼마나 생산 활동을 활발하게 하고 있는지를 측정한 것이다. 스마트폰 생산량이 100만 개

164

일 때보다 150만 개일 때 생산 활동이 더 활발한 상태이며, 국내총생산도 커지는 원리다.

국내총생산의 정의를 다시 확인하면서 곰곰이 더 생각해볼 용어가 몇 가지 있다. 우선 '최종재'란 생소한 말이 눈에 띈다.

기업에서 생산한 물건의 용도는 크게 두 가지로 나눌 수 있다. 첫째는 소비자가 소비하는 물건이다. 우리가 먹는 라면, 통화에 이용하는 스마트폰, 입는 옷 등이다. 이런 것들을 최종재 또는 최종생산물이라 하고, 더 이상 다른 용도가 없이 최종 목적으로 사용되는 재화를 말한다.

한편 기업에서 생산한 것 중에는 이런 목적이 아니라 다른 기업이 무엇인가를 생산하는 데 필요한 부품이 있다. 예를 들면 타이어가 그런 부품이다. 타이어는 소비자의 소비를 위해서가 아니라 자동차 회사에 팔려 자동차라는 최종재를 만드는 데 쓰인다. 이런 용도로 생산되는 것이 중간재다. 스마트폰에 들어가는 액정 화면, 운동화 생산에 쓰이는 가죽 등이 중간재다.

같은 물건임에도 최종재가 되기도 하고 중간재가 되기도 한다. 어느 목적으로 사용하느냐에 따라 운명이 갈린다. 우유의 운명을 생각해보자. 같은 목장에서 나왔더라도 가정주부가 구입하는 우유는 분명히 최종재다. 최종소비자인 식구들의 입으로 들어가기 때문이다. 하지만 제과점에서 구입하는 우유는 최종재가 아니라 중간재다. 최종재인 빵을 만드는 데 쓰인다. 비슷한 예로, 우리 집이 구입하는 쌀은 최종재지만, 막걸리 회사가 구입하는 쌀은 최종재가 아니다.

국내총생산에 대한 두 가지 정의

'최종재의 가치'를 모두 더한 것이 국내총생산이라고 했다. 왜 최종재를 직접 더하지 않고 '최종재의 가치'를 더할까?

기업들이 생산하는 재화는 다양하기 그지없다. 스마트폰 100만 개, 신발 1000만 켤레, 피자 1억 판 등등. 단위가 모두 다르다. 이것을 직접 더할 방법은 없다. 그래서 모든 생산물을 시장 가치로 환산해서 단위를 통일한다. 이제는 모두 더할 수 있게 된다. 국내총생산은 그 나라의 화폐 단위로 산출된다. 예를 들어 2017년 우리나라 국내총생산은 약 1730조 원이다.

생산량이 증가하면 당연히 국내총생산도 증가한다. 또

생산하는 재화의 가격도 중요하다. 50만 원짜리 스마트폰을 100만 개 생산하는 경우보다 100만 원짜리 스마트폰을 100만 개 생산하는 경우 국내총생산이 크다. 비싼 것을 생산할수록 국내총생산이 증가한다.

어떤 책을 보면 국내총생산을 '우리나라 영역 안에서 생산한 모든 부가가치를 더한 것'이라고 정의하고 있다. 같은 국내총생산을 놓고 이처럼 달리 정의하고 있다고 해서 분명 한 권의 책은 옳고, 다른 한 권의 책은 틀렸다고 오해하지 말자.

두 정의는 같은 결과를 낳는다. 국내총생산이라는 결과를 얻기까지 두 가지 다른 방법을 말하고 있을 뿐이다. 그 이치를 이해하기 위해서는 단순하게 생각하는 것이 좋다. 스마트폰을 만드는 데 배터리와 디스플레이만 필요하다고 단순화하자. 너무 단순화했다고 비웃지 말자. 쉽게 이해하기 위함이고 어차피 이치는 똑같으니까.

배터리 제조회사는 배터리를 만들어 20만 원의 가격으로 스마트폰 기업에 판다. 이럴 경우 배터리 제조회사는 20만 원의 부가가치를 창출했다고 말한다. 이번에는 디스플레이 기업이 디스플레이를 30만 원의 가격으로 스마트폰 제조회사에 판다면 30만 원의 부가가치를 창출한 것이다. 두 기업이 만든 부가가치를 합하면 50만 원이다.

이제 스마트폰 제조회사는 50만 원어치의 부품을 공급받아, 스마트폰을 만들어 90만 원에 소비자에게 판다. 스마트폰 제조회사가 만든 부가가치는 얼마인가?

90만 원이 아니다. 이 가운데 부품 값 50만 원은 부품회사가 만든 부가가치니까. 스마트폰 제조회사가 만든 부가가치는 90만 원에서 50만 원을 뺀, 나머지 40만 원이다.

지금까지 세 개의 기업이 창출한 부가가치를 모두 더하면 90(=20+30+40)만 원이다. 이것이 국내총생산이다.

한편 최종재는 스마트폰뿐이다. 배터리와 디스플레이는 중간재다. 그러므로 최종재의 가치는 90만 원이다. 바로 위에서 부가가치를 모두 더한 값이나 최종재의 가치가 똑같이 90만 원이다.

놀라운가. 마법이나 속임수가 아니다. 그리 신기할 일도 아니다. 부가가치라는 것의 뜻이 그렇고, 각 중간재의 부가가치가 모두 최종재 가격에 포함되므로 최종재 가격은 부가가치들의 합과 항상 같게 된다.

그래서 국내총생산에 대한 두 가지 정의는 모두 옳으며

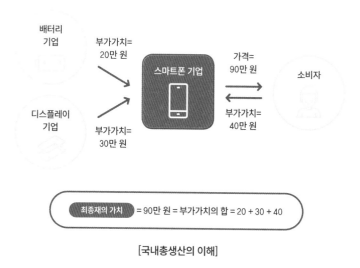

[국내총생산의 이해]

동일한 결과를 낳는 것이다.

모순이지만 이것이 현실!

기업이 생산한 최종재이지만 국내총생산에 들어가지 못하는 것들이 더러 있다. 왜 어떤 것들은 자격이 안 되는 것일까?

우선, 시장에서 거래되지 않는 재화나 서비스가 있다. 예를 들어 마약같이 불법으로 거래되는 재화나 서비스는 국내총생산에 반영되지 않는다.

주부의 가사 노동이나 집 텃밭에서 키우는 상추처럼 시장에서 정식으로 거래되지 않는 재화나 서비스도 국내총생산에 반영되지 않는다. 시장에서 거래되지 않으니, 시장 가치가 얼마인지 정확하게 알 수 없기 때문이다. 주부가 집에서 마련한 저녁 한 끼의 시장 가치가 얼마인지 정확하게 알 수 있는 사람은 없다. 주부의 음식 솜씨에 따라서, 어떤 날인지에 따라서, 당시의 상황에 따라서 다 달라질 수 있다. 오랫동안 타지에 있던 자식에게 어머니의 집밥은 무한대의 가치가 있을 테다.

그렇지만 동일한 가사 노동이라도 가정주부 대신 가사

미니멀 경제학

도우미가 했다면 이는 국내총생산에 포함된다. 가사 도우미는 가사 서비스에 대한 대가로 정식 급여를 받기 때문이다. 어떤 사람이 자기 집 가사 도우미와 사랑에 빠져 결혼하면 가사 도우미에게 월급을 주지 않아도 되므로 그 월급만큼 국내총생산이 감소하는 별난 상황이 발생한다. 모순이지만 이것이 현실이다. 국내총생산이라는 지표가 지니고 있는 한계 가운데 하나다.

또 다른 예로, 카센터에 가지 않고 스스로 차를 수리하거나 주말에 혼자 힘으로 집 화장실을 보수하면 국내총생산이 증가할 기회가 사라진다. 부모들이 아이들을 학원에 보내다가 서로 돌아가면서 자신들이 잘하는 과목을 품앗이로 가르치기 시작한다면 이때에도 국내총생산이 감소한다.

가사 노동의 가치는 얼마나 될까?

똑같은 집안일이라도 가정주부가 직접 하면 국내총생산에 포함되지 않지만, 시장에 맡기면 국내총생산에 포함된다. 밥을 주문해서 배달시켜 먹고 빨래를 세탁소에 맡길수록 국내총생산이 커지는 불합리성이 존재하는 것이다.

그래서 가사 활동의 가치를 국내총생산에 포함시키자

는 주장이 꾸준히 제기되고 있다. 가사 활동의 가치를 국내 총생산에 포함하기 위해서는 시장에서 거래되지 않는 가사 활동의 가치가 얼마인지를 정확하게 측정하는 문제를 먼저 해결해야 한다. 예를 들어 설거지의 가치는 얼마일까? 또 아이를 키우고 가계부를 작성하는 일의 가치는? 많은 전문 가가 이에 대한 답을 마련하기 위해 연구하고 있다.

이 외에도 국내총생산에 포함되는지를 놓고 흔히 사람 들이 혼란스러워하는 것들이 두 가지 있다. 중고품과 금융 자산이 그것이다. 이것들은 그해의 국내총생산 계산에 포 함될까? 결론부터 말하자면 포함되지 않는다.

가방이 작년에 생산되었지만 팔리지 않고 있다가 올해 팔렸다고 하자. 이 가방의 가치는 작년에 생산되었으므로 이미 작년의 국내총생산에 포함되었다. 올해 팔렸다고 해 서 올해 국내총생산에 다시 포함한다면 한 개의 가방이 두 번 국내총생산에 포함되므로 이중계산이 되어 옳지 않다. 그래서 전문가들은 생산된 해에만 포함하는 것으로 원칙을 정했다.

비슷한 논리로, 중고 자동차나 몇 년 전에 지어진 아파 트가 올해 다른 사람에게 팔린다 해도 중고차 가치나 아파 트 가격이 올해 국내총생산에 포함되지는 않는다. 새로운 재화를 생산한 것이 아니라 단지 소유권이 한 사람에게서 다른 사람에게로 넘어갔을 뿐이다.

금융 자산이 국내총생산에 포함되지 않는 이유는 다르다. 금융 자산 가운데 하나의 예로 주식을 생각해보자. 주식은 회사에 자본금을 출자한 주주가 그 회사의 일부를 소유하고 있음을 증명하는 증서다. 이것은 우리가 소비할 수 있는 최종재도 아니며 중간재도 아니다. 그냥 종이 문서, 즉 금융 자산일 뿐이다. 금융 자산이 많아진다고 부자 국가가 되지는 않는다. 사람들이 실제로 소비할 수 있는 재화와 서비스가 많아지는 것이 중요하다. 화폐도 마찬가지다. 한국은행이 화폐를 많이 발행해서 시중에 공급했다고 해서 늘어난 화폐량만큼 국내총생산이 늘어나는 게 아니다.

국내총생산의 진화

국민들이 여가에서 느끼는 가치도 국내총생산에 포함되지 않는다. 근무 시간이 짧은, 즉 여가 시간이 긴 나라의 국내총생산은 근무 시간이 긴 나라의 국내총생산보다 적게 측정되는 경향이 있다.

기업이 생산 활동을 활발하게 한 대가로 환경이 오염되

고 자원이 파괴되었을 때, 늘어난 생산물의 가치만큼 국내총생산은 증가하지만 환경오염이나 자원 고갈로부터 초래되는 불이익은 국내총생산에서 공제되지 않는다.

교통사고가 자주 발생하면 병원 치료가 증가한다. 범죄가 기승을 부리면 경찰 인력이나 경찰차를 늘려야 한다. 미세먼지가 심각하면 공기청정기 생산이 증가한다. 모두 국내총생산 증가에 기여하지만 삶의 질에는 부정적이다. 그래도 국내총생산은 증가하는 것으로 나온다.

이러한 문제점들을 해결하기 위해 전문가들이 환경오염이나 자원 고갈의 불이익 등을 계산해서, 국내총생산에서 제외시키기 위한 연구를 하고 있다. 국내총생산 지표가 지니고 있는 한계를 개선하고 더 나은 지표를 만들기 위한 움직임이다. 그렇지만 아직은 뚜렷한 성과를 얻고 있지 못해서 전 세계는 여전히 국내총생산을 경제 성장의 대표 지표로 사용하고 있다.

경제 뉴스의
단골 메뉴

국경 중심 GDP와 국적 중심 GNP

마치 그림자처럼, 국내총생산 GDP에 항상 따라다니는 경제 지표가 하나 있다. 바로 국민총생산 GNP다. 우리말로도 단 한 자 차이이고, 영어로도 한 단어만 다르다. 그게 그것인 듯 헷갈리는 국내총생산과 국민총생산. 이제부터 그 차이를 철저하게 파헤쳐보자.

한 국가에서 생산한 최종재의 가치를 측정하려는 순간 한 가지 문제가 드러난다. 우리나라에 들어와 있는 외국 기업이 생산한 재화나 서비스를 우리나라의 생산으로 간주할 것인지, 아니면 그 기업의 원래 국적의 생산으로 간주할 것인지의 문제다.

마찬가지로 이번에는 중국에 진출해 있는 우리나라 기업이 생산한 재화나 서비스를 우리나라의 생산으로 간주할 것인지, 아니면 중국의 생산으로 간주할 것인지의 문제도 있다.

어느 쪽으로 간주하고 계산하더라도 옳고 그름을 논하기 힘들다. 각각 의미와 타당성이 있으니까. 그래서 경제학자들은 두 가지 모두를 측정하고 있다.

먼저 국내총생산은 '국내', 즉 영토나 국경을 기준으로 생산을 측정한다. 따라서 국내총생산은 외국 기업이 국내에 들어와 생산한 것을 우리나라의 생산으로 포함한다. 반면에 외국에 진출한 우리나라 기업이 생산한 것은 우리나라의 생산에서 제외한다.

국민총생산은 '국민', 즉 국적을 기준으로 생산을 측정하는 개념이다. 따라서 GNP는 우리나라 기업이 외국에 진출해 생산한 것도 우리나라의 생산으로 포함한다. 반면에 국내에 들어와 있는 외국 기업이 생산한 것은 우리나라의 생산으로 포함하지 않는다. 예를 들어 한국 아이돌 그룹의 소속사가 해외 공연에서 버는 돈은 우리나라 국민총생산에

구분(단위)	2000	2010	2013	2014	2015	2016	2017
GDP(조 원)	635	1,265	1,429	1,486	1,564	1,641	1,730
GNP(조 원)	631	1,267	1,440	1,491	1,568	1,646	1,730

[우리나라의 GDP와 GNP 추이]

는 포함되지만 국내총생산에는 포함되지 않는다.

외국 기업이 국내에 진출해 생산한 가치가 우리나라 기업이 해외에서 생산한 가치보다 크다면 국내총생산이 국민총생산보다 많게 나타난다. 우리나라의 경우에는 이 두 가지가 비슷해서 국내총생산과 국민총생산의 차이가 그다지 크지 않다.

GNP에서 GDP로

국가들이 서로 무역하지 않고 폐쇄적으로 살아간다면 국내총생산과 국민총생산의 구분은 의미가 없다. 항상 같다.

폐쇄까지는 아니더라도 1970년대 이전만 해도 다른 나라에서 생산 활동하는 기업을 찾기 힘들었다. 당연히 그 나라의 기업은 그 나라 땅 안에서 생산했다. 그래서 과거에는 별 고민 없이 국민총생산이란 지표를 가지고 그 나라의 생산 활동을 측정했다.

그러나 시장이 개방되면서 다른 나라에서 생산하는 기업과 취업자들이 많아졌다. 국민총생산과 국내총생산 사이에 괴리가 커지기 시작한 것이다. 국민총생산이 국내 경제 상태를 제대로 반영하지 못할 수 있다는 의문도 제기됐다.

우리 기업이 미국에 공장을 건설하고 생산한다면 그것은 미국 경제에 직접적으로 도움을 준다. 대부분의 직원이 미국인이고 미국 전기와 미국 시설을 사용하기 때문이다. 이에 비해서 우리 경제는 간접적으로 영향을 받는다.

미국 기업이 우리나라에서 생산 활동을 하는 경우에도 그렇다. 우리나라 취업자들이 많아지고 우리 지역 경제가 활력을 띤다.

이런 점을 고려할 때, 한 국가의 경제 상태를 더 잘 반영하는 지표는 국민총생산이 아니라 국내총생산이라는 결론에 이르렀다. 그래서 세계 각국은 국민총생산을 탈락시키고, 국내총생산을 핵심 성적표로 사용하기로 합의했다.

세계적인 추세에 맞추어 우리나라도 1995년부터 국민총생산 대신 국내총생산을 대표적인 공식 지표로 사용하고 있다.

'한국은 지금 커피 르네상스'.

어느 일간지에 실렸던 기사의 제목이다. 커피가 이제는 생수처럼 대중화되었다. 커피 전문점이 하루가 멀다 하고 생겨나고 있다. 누구는 우리나라를 두고 '커피 공화국'이라고 표현한다. 창업을 하려는 사람들이 가장 선호하는 아이템도 커피 전문점이며, 바리스타 교육을 제공하는 학원이나 모임은 문전성시를 이룬다.

커피 전문점의 문을 열고 들어서면 그윽한 커피 향이 온몸을 감싼다. 천사의 손길보다 감미롭다. 그러나 그것도 한순간. 주문을 하려는데 알쏭달쏭한 커피 이름들에 말문이 막힌다. 아메리카노와 카페 라테까지는 대충 알겠는데 카푸치노, 에스프레소 마키아토, 에스프레소 콘파냐, 카페 모카, 비엔나, 캐러멜 라테, 모카치노, 바닐라 라테 등등 도무지 정체를 알 수 없다.

커피의 이름과 제조법을 알고 있으면 그때그때의 기분이나 컨디션에 따라 주문하는 커피도 달라질 텐데. 같은 값

돌체라떼, 화이트 초콜릿 모카, 카라멜 마키아또, 콜
코코아 카푸치노, 두유 카페 라떼, 카페 모카, 카페
페 아메리카노, 아이스 커피, 오늘의 커피, 베리 베
리 플러스, 쿨리⬚⬚⬚⬚⬚⬚⬚⬚ 라떼, 차이 티 라
떼, 티 라떼, ⬚⬚⬚⬚⬚⬚⬚⬚ 아이스 쉐이큰 티
레모네이드, ⬚⬚⬚⬚⬚⬚⬚⬚ 시그니처 초콜
릿, 딸기 요⬚⬚⬚⬚⬚⬚⬚⬚ 베리 베리 요거
트 블렌디드⬚⬚⬚⬚⬚⬚⬚⬚ 포도 블렌디드
초콜릿 바⬚⬚⬚⬚⬚⬚⬚⬚ 나나 블렌디드
망고 패션⬚⬚⬚⬚⬚⬚⬚⬚ 디카페인 카페
아메리카노⬚⬚⬚⬚⬚⬚⬚⬚ 드 폼 카푸치노
크런치 라떼⬚⬚⬚⬚⬚⬚⬚⬚ 크림 콜드 브루

으로 황금빛 커피의 오묘한 세계로 더 깊이 들어갈 수 있겠
지만 모르는 게 죄다.

경제 뉴스도 이와 비슷하다. 매일 신문과 방송을 통해
수많은 경제 뉴스가 등장해 매우 복잡해 보이지만, 알고 보
면 단골 메뉴가 몇 가지 있다. 단골 메뉴에 해당하는 몇 가
지 경제 지표의 속성만 잘 알고 있어도 경제 뉴스를 남들보
다 더 즐길 수 있다. 아는 만큼 보인다고 하지 않던가.

단골 메뉴 가운데 으뜸은 역시 경제 성장률이다. 경제가
지난해에 비해서 얼마나 성장했는지, 즉 생산이 지난해에
비해서 얼마나 증가했는지를 계산한 것이다.

경제의 크기를 측정하는 지표에는 국민총생산과 국내총생산이 있지만, 이미 말했듯이 요즘에는 세계 공통으로 국내총생산으로 측정한다.

불행하게도 문제가 하나 더 있다. 국내총생산에도 다시 두 가지 종류가 있다. 이 가운데 어떤 것을 활용해 경제 성장률을 구해야 할까? 왜 경제학자들은 국내총생산을 두 가지로 작성해 우리를 괴롭힐까?

경제학자들을 미워하지 마라. 나름대로 사정이 있다. 이해를 위해 가장 단순한 경우를 가정해보자. 작년에 우리나라는 스마트폰 하나만 생산했다. 생산량은 100대, 가격은 대당 100만 원이었다. 그렇다면 우리나라의 작년 국내총생산은 두 수치를 곱한 값, 1억 원이다.

1년이 지났다. 올해 우리나라는 스마트폰을 200대 생산했다. 그런데 이게 웬일. 스마트폰 가격이 그만 50만 원으로 하락했다. 원인이 무엇이었든 올해 우리나라의 국내총생산은 두 개를 곱한 값, 1억 원이다.

이 예에서처럼 그해의 생산량에 그해의 가격을 곱해서 구한 국내총생산을 앞에 명목nominal이란 말을 붙여 명목 국내총생산이라고 부른다.

1년 동안 우리나라는 스마트폰 생산량을 100대에서

200대로 두 배나 늘렸지만 명목 국내총생산을 보니 변함이 없다. 분명히 뭔가 문제가 있다. 1년 동안 생산량이 두 배 증가했으니 경제 규모도 두 배 성장했어야 옳지 않을까? 하지만 이는 스마트폰 가격이 하락한 탓이다.

물론 반대의 경우도 있다. 이번에는 스마트폰 가격이 1년 사이 두 배 올라 200만 원이 되었다고 하자. 우리나라 명목 국내총생산은 무려 4억 원이나 된다. 생산량은 두 배 늘어났지만 국내총생산은 네 배나 증가한 것으로 측정된다. 역시 스마트폰 가격 탓이다.

경제학자들은 명목 국내총생산에는 이러한 문제점이 있음을 인지하고 새로운 돌파구를 찾았다. 올해의 생산량 200대에 작년 가격을 곱하는 방법이다. 그러면 2억 원이란 수치가 나온다. 이제 올해 경제의 생산 규모는 작년에 비해 두 배가 되었음을 정확히 보여준다. 작년 가격으로 평가함으로써 가격 상승으로 인한 영향을 제거하는 방법이다.

이처럼 그해의 생산량에 과거 기준 연도의 가격을 곱해서 산출하는 국내총생산을 앞에 실질real이란 말을 붙여 실질 국내총생산이라 부른다.

명목 국내총생산 = 그해의 생산량 × 그해의 가격

실질 국내총생산 = 그해의 생산량 × 기준 연도의 가격

경제 성장률은 실질 국내총생산의 증가율

명목 국내총생산이나 실질 국내총생산이나 다 나름대로 의미가 있고 쓰임새가 있다. 그래서 한국은행은 두 지표 모두 측정하고 발표한다. 각자 용도에 맞춰 적절한 지표를 선택해 사용하면 될 일이다.

그렇다면 한 나라의 경제 성장률을 구할 때는 어떤 지표가 더 타당할까? 실질 국내총생산이다. 실질이 명목보다 좋지 않은가. 명목 국내총생산은 생산량 규모 외에도 물가 변화 부분까지 포함하고 있어서 경제 규모의 실질적인 변화를 정확하게 측정하지 못한다. 경제 규모가 변하지 않았음에도 인플레이션이 발생하면 명목 국내총생산이 증가한 것으로 나타나 사람들에게 착시 효과를 준다.

한 국가의 경제 성장률은 바로 실질 국내총생산이 한 해동안 몇 퍼센트나 증가했는지를 구한 것이다. 그래서 경제 성장률을 구할 때는 실질 국내총생산을 사용한다.

행복은
경제 성적순이 아니잖아요!

국민총소득의 화려한 등장

몇 년 전부터 경제 뉴스에 새로 등장한 용어가 하나 있다. 국민총소득GNI(Gross National Income)이다. 국내총생산, 국민총생산도 모자라나? 경제학자들은 왜 또 국민총소득이란 용어를 만들었을까? 결론부터 말하면 경제 현실을 더 정확하게, 더 잘 파악하려는 욕구 때문이니 너무 탓하지 말자.

국내총생산이나 국민총생산은 말 그대로 국내의 '생산' 활동을 측정하는 용도로 적합하다. 우리는 생산한 상품 가운데 일부를 수출하고 그 돈으로 우리에게 필요한 상품을 수입한다. 그런데 수출품과 수입품의 가격은 끊임없이 변한다. 여기에서 또 하나의 문제가 생긴다.

예를 들어 유가가 급등하면 우리가 반도체를 수출해서 번 돈으로 사올 수 있는 석유의 양이 감소한다. 설령 우리나라 기업의 생산량에는 변함이 없더라도, 즉 국내총생산은 동일하더라도, 아니 심지어 우리나라가 지난해보다 더 많이 생산했더라도 석유 부족으로 국민의 생활수준이 떨어질 수 있다. 이러한 현상을 국내총생산으로는 반영하지 못한다.

그래서 새롭게 도입한 개념이 국민총소득이다. 국민총소득은 국민이 생산 활동을 통해 벌어들인 소득의 구매력을 더 잘 측정하려고 도입한 경제 지표다.

그렇다고 해서 국민총소득이 국내총생산과 전혀 무관한 지표라는 뜻은 아니다. 두 지표는 매우 밀접하게 관련되어 있다. 외국과 거래하지 않고 있는 세상이라면 두 지표는 동일하다. 이제 국민총소득 지표를 좀 더 자세히 살펴보자.

기업은 자신이 생산한 물건을 팔아서 돈을 받는다. 이것을 다 합치면 국내총생산이 된다고 했다. 기업은 이 돈을 모두 금고에 보관하고 독차지할 수 없다. 그 물건을 생산하는 데 기여한 노동자나 부품 대금, 공장부지 임대료 등을 주어야 한다. 이렇게 지급한 돈은 노동자, 돈을 빌려준 사람, 땅 주인의 손으로 넘어가 그들의 소득이 되고, 시장에서 필요한 재화나 서비스를 구입하는 데 쓰인다. 이처럼 반복적으로 이루어지는 경제 활동을 '경제 활동의 순환'이라고 부른다.

경제학에서는 노동을 제공한 사람이 대가로 받는 돈을 임금이라고 부른다. 자본을 제공한 사람은 이자를, 토지를 제공한 사람은 지대(임대료)를, 기업가는 경영을 잘한 대가로 이윤을 받는다. 이런 소득을 모두 합한 것이 국민총소득이다.

그러므로 만약에 외국과 거래가 없고 외국으로 빠져나가는 돈이 없다면 국내총생산과 국민총소득은 같다. 그 돈이 그 돈이니까. 국가 간 이동이 발생하는 현실에서는 외국인에게 지급하는 임금과 외국에서 벌어들이는 소득의 크기가 같지 않으므로 둘 사이에는 다소 차이가 난다.

부자일수록 행복해질까?

국민총소득이 높은 나라일수록 행복하지 않을까? 한 나라의 국민총소득을 그 나라의 인구로 나누면 '1인당 국민총

소득'이 나온다. 우리가 자주 접하는 경제 지표 가운데 하나다. 1인당 국민총소득은 국민 한 사람이 한 해 동안 벌어들인 평균 소득을 의미하므로, 이것이 커질수록 국민의 평균 생활수준이 높아진다.

그러나 1인당 국민총소득과 국민의 생활수준 또는 행복감 사이에 언제나 1:1의 정비례 관계가 성립하지는 않는다는 사실을 학자들이 발견했다. 1960년대 초반 우리나라의 1인당 국민총소득은 100달러 정도였다. 2018년에는 3만 달러를 돌파했다. 1인당 국민총소득이 300배나 증가했다. 그렇다면 우리 국민은 60년 전과 비교해 300배 행복해졌을까?

경제학자 리처드 이스털린Richard Easterlin은 소득과 행복 사이의 관계를 조사했다. 그의 연구 결과는 흥미로웠다. 아주 가난할 때는 소득 증가가 바로 행복 증가로 이어지지만, 소득이 어느 수준에 도달하면, 그 이후에는 둘 사이의 비례 관계가 매우 약해진다. 이 관계를 그의 이름을 따서 '이스털린의 역설Easterlin paradox'이라고 한다.

먹고살기 힘들 정도로 가난한 때에는 돈이 조금 생기면 바로 행복해진다. 따지고 보면 이해가 간다. 먹는 것은 인간의 가장 중요한 욕구다. 따라서 돈을 한 푼이라도 더 버는 쪽으로 욕구가 집중되고 소득이 늘어나는 대로 행복감이 쑥쑥 커진다.

그러다가 어느 정도 먹고사는 문제가 해결되는 수준에 이르고 나면 어느덧 인간의 욕구가 달라진다. 연간 소득이 1000만 원일 때 추가로 번 100만 원이 주는 행복감과, 연간 소득이 1억 원일 때 추가로 번 100만 원이 주는 행복감 가운데 어느 쪽이 클까? 물어보나 마나다. 전자의 경우 행복감이 훨씬 크다. 이스털린의 역설이 성립하는 이유다.

다른 이유도 있다. 사람들은 의식주 문제가 해결되면 슬

슬 자신을 주위와 비교하기 시작한다. 자신도 예전보다 훨씬 부자가 되었지만 주위에 돈이 더 많은 사람을 보면 부러워하기 마련이다.

물론 오해는 하지 말자. 그렇다고 해서 부자가 되면 행복감이 감소한다는 뜻이 아니다. 가난했을 때만큼은 행복감이 비례적으로 증가하지 않을 뿐이다. 사람들은 돈이 적은 것보다 많은 것을 원하고, 비록 부자라 하더라도 여전히 돈을 더 벌려고 노력한다.

환율이 오르면 1인당 국민총소득은 줄어든다

1인당 국민총소득은 어느 국가의 국민들이 상대적으로 더 부자인지를 비교하는 목적으로 자주 쓰인다. 룩셈부르크의 1인당 국민총소득이 세계에서 가장 높고 그 뒤를 스위스가 차지하고 있다. 중동 국가들은 석유 덕분에 1인당 국민총소득이 높은 경향이 있으며 아프리카는 1인당 국민총소득이 매우 작다.

국가 간 비교를 위해서 1인당 국민총소득은 일반적으로 달러로 표시한다. 만약 우리나라의 국민총소득이 1500조 원, 인구 5000만 명, 환율이 1달러에 1,000원이라면, 우리나라의 1인당 국민총소득은 3만 달러라는 계산이 나온다.

1인당 국민총소득
= (1500조 원 ÷ 5000만 명) ÷ 1,000원
= 3만 달러

여기에서 우리는 환율, 보다 구체적으로는 1인당 국민
총소득이 환율에 의해서 크게 영향을 받는다는 점에 주목
할 필요가 있다. 인구와 국민총소득은 안정적이며 변화폭
이 그리 크지 않다. 반면에 환율은 심하게 변동하는 경향이
있다. 결국 환율 때문에 1인당 국민총소득이 매년 들쭉날쭉
한 모습을 보인다.

예를 들어 환율이 1,000원에서 1,100원으로 상승하면
우리나라 1인당 국민총소득에 어떤 변화가 일어날까? 1인
당 국민총소득은 3만 달러에서 2만 7,273달러로 감소한다.
다른 것은 변하지 않았음에도 환율 상승으로 인해 달러로
표시한 1인당 국민총소득이 10퍼센트 가까이 감소한다.

실제로 우리나라에 이보다 더 심한 일이 벌어진 적이
있다. 우리가 IMF 경제 위기를 겪었을 때, 환율이 1달러
에 951원에서 1,399원으로 32퍼센트나 급상승했다. 그

결과 1인당 국민총소득이 1997년 1만 1,000달러에서 그 다음 해에는 7,400달러로 급락했다. 한 해 사이에 1인당 국민총소득이 30퍼센트나 줄어들었다.

　반대로 환율이 하락하는 경우에는 1인당 국민총소득이 자동적으로 증가하는 효과가 있다. 이게 1인당 국민총소득 이다.

실업

일자리를 찾아라!
이태백의 경제학

일자리의 소중함이란?

실업률이 높아졌다는 통계청의 발표가 있으면 어김없이 다음 날 이와 관련한 뉴스가 신문과 방송을 장식한다. 거기에는 일자리를 구하지 못해 재수, 삼수를 하며 여기저기 원서를 넣기 바쁜 취업 준비생들의 모습으로 가득하다.

일자리를 늘리겠다는 공약은 색깔을 떠나 모든 정부에서 늘 공통적으로 내세운다. 어떤 야당도 일자리 창출을 위한 정책 취지에 반대하지 않는다. 실업이 중요한 경제 문제이며 많은 사람의 관심거리라는 방증이다.

실업 이야기를 본격적으로 전개하기에 앞서 먼저 실업자는 도대체 어떤 사람인지 정확하게 알고 넘어가자. 일자리가 없다고 모두 실업자는 아니다. 만약 그렇다면 초등학생도 실업자일 것이다.

일할 능력과 일할 의사가 있지만, 일자리를 갖고 있지 못한 사람이 실업자다. 15세 미만의 어린이들은 아직 육체적으로 일할 능력이 없으므로 일자리가 없어도 실업자가 아니다.

15세 이상이라 하더라도 학교에서 공부하는 것을 주된 목적으로 하고 있는 고등학생이나 대학생도 실업자가 아니다. 일할 의사가 없는 것으로 간주한 결과다. 가사 활동에 전념하는 전업주부나 나이가 많은 고령자 역시 일할 의사가 없다고 간주해 실업자에 포함하지 않는다. 고등학생, 대학생, 전업주부 같은 사람들을 비경제활동인구라 부른다.

일할 의사는 수시로 바뀔 수 있다. 그래서 신분이 수시로 바뀌기도 한다. 대학생이 방학을 맞이해 아르바이트 일자리를 구하러 다니면 실업자가 된다. 구직 활동을 하고 있기 때문이다. 그러다가 편의점에서 아르바이트를 시작하면 취업자가 된다. 방학이 끝나 아르바이트를 멈추고 학업에 복귀하면 다시 비경제활동인구로 편입된다. 이런 식이다.

통계청이 조사한 바에 따르면 2018년 말 기준으로 우리
나라에는 94만 명의 실업자가 있었다. 이 가운데 20~29세
실업자가 35만 명이나 된다. 학교를 졸업하고 들뜬 기분으
로 사회생활을 해야 할 청년들이 일자리가 없어 실의에 빠
져 있다는 소식은 뉴스나 신문에서 자주 접할 수 있다.

이것이 전부가 아니라는 데 문제의 심각성이 있다. 일자
리를 구하다가 자포자기 심정으로 구직 활동을 포기한 사
람들도 있다. 구직 단념자라고 불리는 사람들이다. 구직 활
동을 포기했으므로 통계에서 실업자로 분류하지 않고 비경

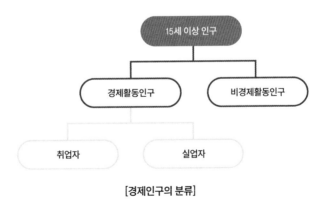

[경제인구의 분류]

제활동인구에 포함한다. 그러나 이들은 사실상 실업자다. 우리나라에 무려 59만 명이나 있다.

취업 준비생도 있다. 학교를 졸업했지만 일자리를 구하지 못하고 학원 등에서 공부하면서 취업 준비를 하고 있는 사람들이다. 고시생, 공무원 시험 준비생 등이며 무려 70만 명에 이른다. 이들 역시 사실상 실업자로 볼 수 있지만 현재 통계에서는 실업자로 잡히지 않는다. 그래서 실업자 통계를 보완한 필요가 있다는 목소리가 끊이지 않고 있다.

실업률 대신 고용률

한 나라의 고용 상태나 일자리 문제를 진단하기 위해서 전통적으로 사용한 지표가 실업률이다. 실업률은 실업자 수를 취업자 수와 실업자 수의 합으로 나눈 백분율이다.

우리나라는 서양 국가들에 비해 실업률이 한참 낮다. 빠른 경제 성장에 힘입어 일자리가 활발하게 만들어진 덕분이다. 그런데 한 가지 숨은 기여 요인이 있다. 전업주부와 학생이다. 우리나라에서는 과거에 여성이 취업을 하지 않고 가사에 전념하는 경향이 있었다. 이들은 일자리가 없지만 실업자가 아니라 비경제활동인구로 분류된다고 이미 앞에서 말한 바 있다. 또 학업 욕구가 강한 우리나라의 특성 상 대학 진학률이 높아 상아탑에 있는 학생들이 많다.

전업주부와 학생들은 비경제활동인구이므로, 실업률을 구하는 계산식에 포함되지 않는다. 그래서 전체 인구 가운데 이들이 차지하는 비중이 큰 우리나라는 실업률이 낮아지는 효과가 있다.

그래서 경제학자들은 새로운 개념, 고용률을 찾아냈다. 15세 이상 인구 가운데 취업자가 몇 명인지를 계산한 비율이다. 쉽게 말하면 전체 성인 인구 가운데 얼마나 많이 취업하고 있는지를 계산한 값이다.

고용률이 실업률보다 그 국가의 고용 상태를 더 잘 반영하는 수치다. 그래서 우리나라도 이제는 고용률을 높이는 것을 정책 목표로 삼고 있다. 근래에 경제 뉴스에 고용률이라는 용어가 빈번하게 등장하는 이유다.

실업이 초래하는 여러 가지 문제들

일자리를 잃거나 직장이 없는 사람은 소득을 만들지 못한다. 부모에게 물려받은 유산이 좀 있거나 은행에 잔고가 두둑하지 않다면 당장 먹고살 일을 걱정해야 한다. 실업자

대부분은 생계유지가 힘들어진다.

실업이 초래하는 부작용은 이것으로 그치지 않는다. 실업자는 실업 기간이 지속됨에 따라 자존감을 상실하고 이웃, 친척, 친구와의 관계도 서먹해진다. 자신은 최선을 다해서 일했는데 느닷없이 일자리를 잃게 되면 모든 것을 잃은 듯한 좌절감을 느낀다. 또한 자신이 이 사회에서 쓸모없는 사람인가 하는 자괴감에 빠지기도 한다.

이 외에도 실업은 사회적으로 여러 가지 문제를 일으킨다. 실업률이 높아지면 이혼, 자살, 범죄 등도 많아진다고 한다. 우리나라에서도 기초 생활이 어려워 발생하는 생계형 범죄가 늘고 있다.

경제학자들의 고차원적인 고민

경제학자들은 여기에 한 가지 심각한 문제를 더한다. 실업이 자원의 낭비를 초래한다는 것이다. 노동은 생산에 없어서는 안 되는 중요한 생산요소다. 하지만 실업이 발생하면 노동이라는 희소한 자원이 최대로 활용되지 못하고 그만큼 우리나라의 생산량이 감소한다. 희소한 자원을 효율적으로 활용하는 방법을 연구하는 경제학자의 입장에서 보자면, 실업은 심각한 문제가 아닐 수 없다.

게다가 생산에서 소외된 노동은 시간이 흐를수록 생산성이 저하된다. 즉, 학교에서 배운 지식과 기술이 낡은 것으로 변한다. 그래서 실업 기간이 길어질수록 나중에 취업이 되더라도 이전과 같은 생산성을 유지하기 어려워진다.

이 외에도 실업은 국가 재정 차원에서도 심각한 문제가 아닐 수 없다. 정부는 국민과 기업으로부터 세금을 거둬 살림살이를 한다. 국민들의 생활이 윤택해 세금을 많이 걷을 수 있다면 그 돈으로 좀 더 많은 사업을 벌일 수 있겠지만,

실업은 이를 못 하게 만든다. 돈을 버는 사람이 줄어들고 전체적인 경제 규모도 작아진다. 국가의 각종 세금 징수 실적이 악화될 수밖에 없다.

이와는 대조적으로 재정 지출은 늘어난다. 실업자를 지원하기 위한 각종 대책을 마련하고, 공공사업을 벌이고, 실업자들의 취업을 위한 교육 프로그램을 운영하는 등 실업 관련 예산에 대한 요구가 팽창하기 때문이다.

결국 정부의 조세 수입은 감소하고 재정 지출은 증가해, 정부의 재정 수지가 악화되거나 재정 적자를 기록하게 된다.

함께 풀어야 할 가장 큰 과제

이와 같이 실업은 개인에게뿐 아니라 국가적으로도 많은 문제를 초래한다. 각 나라가 일자리 창출에 경제 운영의 사활을 거는 이유가 이해된다. 하지만 실업은 어떤 나라도 쉽게 해결할 수 있는 문제가 아니다. 의지만으로 해결되지 않는다.

실업이 발생하는 원인도 한두 가지가 아니다. 발생 원인에 따라 실업은 경기적 실업, 계절적 실업, 구조적 실업, 마찰적 실업으로 구분된다.

첫째, 경기가 변동하는 과정에서 발생하는 실업자가 경기적 실업자다. 경기가 호황일 때는 고용이 늘어나 경기적 실업자가 감소하다가 경기가 불황에 접어들면 경기적 실업자가 증가한다.

둘째, 계절의 변화에 따라서도 실업자가 발생하는데, 이들을 계절적 실업자라고 한다. 예를 들어 겨울철에는 날씨가 추워 주택이나 빌딩 건설이 감소하므로 건설 현장에서 일하는 사람은 일자리를 찾기 쉽지 않아 계절적 실업자가 될 수 있다.

셋째, 산업 구조의 변화로 인해 경쟁력을 잃어버린 사양 산업에서 발생하는 실업자를 구조적 실업자라고 한다. 사양 산업에서 종사하던 사람들은 새로이 떠오른 성장 산업에서 요구하는 신기술을 습득하기 쉽지 않다. 따라서 구조적 실업자는 실업 상태가 장기화될 가능성이 크다는 심각성이 있다.

넷째, 일하고 있던 직장을 버리고 더 나은 조건의 일자리를 찾아 옮기는 과정에서 실업을 경험하는 사람들도 있다. 마찰적 실업자들이다. 스스로 실업 상태를 선택했다는 점에서 자발적 실업자라고도 불린다.

미니멀 경제학

우리나라에서 실업률 작성과 관련된 조사를 실시하는 기관은 통계청이다. 통계청은 매월 실업률 통계를 작성해 발표한다. 이를 위해 통계청은 매월 15일이 들어 있는 주에 표본으로 선택된 3만 5,000가구를 직접 조사하며, 표본 가구는 매달 36분의 1씩 교체된다.

각 가구 구성원의 경제 활동 상태를 조사하기 위해 통계청은 표본 가구를 방문해 면접을 실시한다. 1주일 동안 1시간 이상 수입을 목적으로 일했는지를 질문해 "예"라고 응답한 사람을 취업자로 분류하는 식이다.

여기에서 실업률 조사 방식에 대한 신뢰도 문제가 발생할 수 있다. 면접 방식을 통한 조사 통계의 정확성은 전적으로 응답자의 솔직한 대답에 달려 있다. 조사원 앞에서 자신이 실업자라는 사실을 밝히기 싫어 사실과는 다르게 응답하는 순간 실업자 통계가 왜곡된다. 불성실한 또는 위장 답변이 많아질수록 실업률 통계는 현실을 제대로 반영하지 못하며 정부와 경제 전문가에게 잘못된 신호를 보낸다.

참고로 미국도 가구 구성원을 조사해 실업률을 구하는 방법을 사용하고 있다. 면접 방법 외에 실업 수당을 받으려고 신청하는 사람들을 통해 실업자를 파악할 수 있다. 유럽 국가들이 사용하고 있는 방법이다. 실업자로 판정되어야 실업 수당을 받을 수 있으므로 자신이 실업자라는 사실을 숨기지 않는다. 실업자를 정확하게 파악할 수 있다는 장점이 있지만 우리나라는 실업보험의 대상자가 아닌 사람들이 많아서 이 방법을 사용할 경우 통계의 정확성에 더 큰 문제가 생길 우려가 있다. 우리 통계청에서 면접 방법을 고수하고 있는 것도 그 때문이다.

1주일에 1시간만 일해도 취업자

친구를 대신해서 편의점에서 1주일에 서너 시간만 일한 사람이 있다. 이 사람은 실업자인가, 취업자인가?

현행 기준에 의하면 1주일에 1시간만 수입을 목적으로 일을 했다면 취업자가 된다. 이 기준은 우리나라가 독단적으로 정하지 못한다. 국가 사이의 비교가 의미 있으려면 모든 국가가 동일한 기준으로 작성해야 하므로 국제적인 합의가 필요하다. 경제활동 상태에 대한 조사를 위한 기준은 국제노동기구, 영어로 ILO라는 국제기구가 채택한 것이다.

1주일에 1시간만 일해서 번 돈으로 1주일의 생활비를 충당할 수 있는 사람은 거의 없다. 이런 점에서 이들을 취업자로 보아서는 안 된다는 시각이 있다. 그렇다면 몇 시간 이상이면 만족할 수 있을까? 2시간, 5시간, 10시간, 이도 아니면 20시간?

모두를 만족시킬 수 있는 절대적인 시간의 양은 없다. 그래서 취업 여부는 시간의 많고 적음을 떠나, 수입을 위해 일을 했는지의 여부로 구분하는 것이 최선이라는 결론을 내렸다.

5부

골치 아픈
나라 경제,
무엇이
문제일까?

구두창 비용을
아시나요?

저승사자도 놀란 한국의 부동산 투기

〈신과 함께〉를 모르는 사람은 거의 없을 것이다. 웹툰으로 인기를 끈 끝에 영화로 제작되어 1000만 명 이상의 관객몰이를 한 영화다. 우리나라에서 전통적으로 내려오는 여러 신들, 저승사자 그리고 인간의 운명에 대한 이야기가 뼈대를 이루고 있다.

영화 속에는 세 명의 저승사자가 등장한다. 영화가, 아니 웹툰이 나오기 전부터 경제학자들 사이에는 저승사자와 관련해서 우스갯소리 하나가 있었다. 사람이 죽어서

하늘나라에 가면 저승사자가 맞이한다고 한다. 이승과 마찬가지로 저승 역시 선택의 연속. 저승사자는 앞으로 닥칠 낯선 세계에 두려움을 갖는 사람에게 다소 황당한 질문을 던진다.

"다시 태어난다면 물가 상승률이 높은 세계에 살래? 아니면 물가 상승률이 낮은 세계에 살래?"

대부분은 물가 상승률이 낮은 곳에서 살고 싶다고 대답하지만, 물가 상승률이 높은 세계를 선택하는 사람도 적지 않다.

지금까지 저승사자를 가장 흥미롭게 했던 것 중 하나는, 물가 상승률이 높은 세계를 선택한 이들 가운데 유독 한국 사람들이 많았다는 점이다. 대체 왜 그런 선택을 하는지 궁금했던 저승사자가 그들이 이승에서 살았던 이력을 살펴보니, 하나의 공통점이 있었다. 그들은 바로 부동산 투기꾼이었단다.

부동산 투기꾼들은 물가 상승률이 높은 곳을 좋아할까?

인플레이션은 생활을 어렵게 한다. 하룻밤 사이 먹고 쓰는 모든 물건의 가격이 일제히 두 배로 올랐다고 하자. 라

미니멀 경제학

면 값도 두 배, 버스 요금도 두 배, 옷값도 두 배……. 생활비가 전반적으로 두 배 늘어난다.

물가가 상승하는 만큼 혹은 그 이상으로 우리의 소득이 따라서 증가하면 얼마나 좋겠는가. 물가 상승과 함께 은행 잔고가 마술처럼 두 배로 불어난다면 얼마나 행복할까? 그러나 현실은 그렇지 않다. 물가 상승의 속도에 비해 우리의 소득은 느리게 오른다. '월급 빼고 다 오른다'는 자조 섞인 농담까지 있을 정도다. 그 결과 봉급생활자가 받는 소득의 구매력이 감소하고 생활이 어려워진다. 이처럼 인플레이션은 대체로 사람들의 생활을 어렵게 만든다.

그런데 왜 저승사자 앞에서 부동산 투기꾼들은 물가 상승률이 높은 세계에서 살고 싶다고 했을까? 인플레이션이 발생하면 돈의 가치가 하락하지만 땅이나 집 같은 실물 자산을 보유한 사람은 손해를 보지 않기 때문이다. 땅값이나 집값이 인플레이션 이상으로 더 많이 오르는 덕분이다.

우리나라에서는 그동안 부동산 가격이 다른 재화나 서비스 가격에 비해 상대적으로 더 많이 올랐다. 이런 경험을 가진 사람들은 부동산을 소유하기 시작했고, 부동산 투기로 이어졌다. 실제로 부동산을 보유한 사람들은 인플레이션의 최대 수혜자가 되었다.

이런 일들이 자주 발생하면 노동의욕이 사라진다. 열심히 일하는 노동자는 실질 소득의 감소를 체험하고, 부동산 투기에 몰두하는 사람이 상대적으로 부자가 되기 때문이다. 경제의 효율성이 저하되는 건 물론이다.

또한 돈의 가치가 떨어지면서 은행이나 주식시장 등을 통해 기업에 투자되어야 할 돈이 부동산으로 몰리는 현상이 발생한다. 부동산 투기가 성행하는 국가는 지속적으로 성장하기 어려우며, 경제의 미래도 어둡다. 한마디로, 인플레이션 덕분에 단기적으로 이익을 보는 계층이 있지만 궁극적으로는 국민 모두가 손해를 보고 국가 경쟁력이 나약해진다. 인플레이션이 공공의 적이 되는 원인이 여기에 있다.

인플레이션은 제로섬 게임?

만약 우리나라에 있는 모든 재화와 서비스의 가격이 일제히 같은 비율로 오른다면, 인플레이션이 10퍼센트 발생하든 100퍼센트 발생하든 그리 중요하지 않을 수 있다. 쇠고기 가격이 두 배로 될 때 월급도 두 배가 된다면 생활수준에는 변화가 없기 때문이다. 다만 물건을 사고 계산하는 데 약간의 불편함이 있을 뿐이다.

하지만 현실에서는 재화나 서비스마다 가격이 제각각 오른다. 인플레이션이 평균 10퍼센트 발생했을 때, 어떤 재화의 가격은 5퍼센트 오르고 어떤 재화의 가격은 30퍼센트 오른다. 이 와중에 오히려 가격이 하락하는 재화도 있다.

이때 가격이 30퍼센트 오른 재화를 생산하는 기업이나 그런 재화를 소유한 사람은 인플레이션으로 혜택을 본다. 이와 달리 가격이 하락한 재화를 생산하는 기업이나 그런 재화를 소유한 사람은 손해를 본다.

이처럼 인플레이션이 발생하면 어떤 사람들은 손해를 보고 또 어떤 사람들은 이득을 본다. 인플레이션은 제로섬 게임zerosum game인 셈이다.

가계는 배가 아프고 기업과 정부는 이득을…

'사촌이 땅을 사면 배가 아프다'는 옛 속담이 있다. 만약 그 옛날 경제에 밝은 사람이 있었다면 '인플레이션이 발생하면 채권자는 배가 아프다'는 말을 만들어냈을 것이다. '예상하지 못한 인플레이션unexpected inflation'이 발생할 경우, 빚을 진 사람(채무자)이 오히려 이득을 보기 때문이다.

3000만 원을 갖고 있던 사람이 소형 자동차를 살까, 은행에 예금할까 망설인 끝에 예금하기로 했다고 하자. 은행은 예금한 사람이 돈이 필요할 때 언제라도 예금을 인출해줄 의무가 있으므로 채무자가 된다. 예금주는 당당하게 은행에 찾아가 자신의 예금을 되돌려달라고 요구할 권리가 있으므로 채권자인 셈이다.

이제 인플레이션이 발생하면 당당한 채권자도 실질적으로 손해를 본다. 1년 동안 인플레이션이 발생해서 소형 자동차 가격이 3500만 원으로 올랐다. 1년 전에는 3000만 원으로 자동차를 한 대 살 수 있었지만, 지금은 예금을 찾아 이자를 더해도 자동차를 살 수 없다. 은행이 자선 사업을 하지 않는 한 인플레이션이 발생했다고 이자를 더 붙여줄 리 없다.

이와 같이 예상하지 못한 인플레이션이 발생하면 채권자(예금주)는 손해를 보고, 채무자(은행)는 이득을 본다. 이런 현상이 빈번하게 발생하면 사람들이 저축하기를 꺼린다.

경제에는 세 부류의 경제 주체가 있다. 가계, 기업, 정부다. 예상하지 못한 인플레이션으로 이 세 주체 가운데 누구는 웃고 누구는 운다. 누가 웃을 수 있는 채무자이고, 누가 울어야 하는 채권자일까?

가계는 일반적으로 채권자 입장이다. 경제 주체들 중에서 여윳돈을 가장 많이 보유하고 있는 주체다. 가계의 돈이 기업으로 흘러가 투자 자금으로 쓰인다. 빚이 많은 기업은 경제에서 채무자인 경우가 일반적이다. 정부도 국민에게 많은 빚을 지고 있는 채무자다. 그만큼 나랏빚이 매년 늘어나고 있다. 그러므로 예상하지 못한 인플레이션이 발생하면 가계는 손해를 보고, 기업이나 정부는 이득을 얻는다.

어지러워! 인플레이션은 롤러코스터!

경제 주체들의 예상을 크게 벗어나는 인플레이션이 자주 발생하면 경제가 혼란에 빠지고 불확실성이 커진다. 노동자와 기업은 나름대로 인플레이션을 예상하고 임금 협상을 하는데, 협상이 종료된 후 실제 인플레이션이 당초 예상을 크게 벗어나면 노동자들은 임금 협상 결과에 불만을 가지고 노동의욕을 상실한다. 자신이 받는 임금으로는 지금까지 해왔던 생활을 유지하기 힘들어진다. 이때 대규모 시위와 파업이 발생할 수도 있다.

이런 혼란은 임금 협상에 한정되지 않는다. 모든 경제

주체는 나름대로 인플레이션을 예상하고 의사결정을 한다. 얼마를 투자해 상품을 얼마만큼 생산하고, 얼마에 팔아 얼마의 수익을 올리겠다는 계획을 세운다.

그런데 인플레이션이 예상보다 심하게 발생하면 그만큼 의사결정이 잘못될 가능성이 커지고, 의사결정을 합리적으로 하는 것 자체가 어려워진다. 즉, 미래를 예측하기 힘들어지면서 경제의 불확실성이 점점 커진다.

인플레이션이 발생하면 메뉴판을 바꿔야…

지금까지는 사람들이 당초 예상했던 것보다 인플레이션이 더 심하게 발생할 때의 문제점들을 생각해보았다. 그렇다면 만약 인플레이션이 사람들이 예상했던 정도로만 발생한다면 아무런 문제가 되지 않을까?

'예상한 인플레이션expected inflation'은 채권자의 손해나 불확실성 문제를 초래하지 않는다. 누구나 충분히 예상했으므로 사전에 미리미리 대비를 해놓기 때문이다. 그러나 예상한 인플레이션도 여전히 문제를 낳는다. 물론 조금 다른 문제다.

우선 비록 예상했더라도, 인플레이션이 발생하면 기업

은 옛날 가격을 새 가격으로 수정해야 한다. 예를 들어 음식점은 차림표를 새로 만들어야 한다. 슈퍼마켓, 대형할인점, 편의점은 진열대에 있는 상품의 가격 표시 태그를 모두 교체해야 한다. 기업 역시 상품의 출고 가격을 전면 수정해야 한다.

온라인 마켓에서도 판매상은 상품의 가격 정보를 계속 수정해야 한다. 뿐만 아니라 가격이 변할 때마다 기업은 이 정보를 소비자에게 알려야 한다. 이런 일들에는 당연히 비용이 소요된다.

물가가 자주 그리고 큰 폭으로 오를수록 이런 작업을 자주 해야 하고, 그만큼 관련 비용도 늘어난다. 경제학에서는 이런 일과 관련된 일체의 비용을 메뉴 비용-menu cost이라고 부른다. 음식점이 차림표를 고치는 데 필요한 비용에 빗댄 말이다.

인플레이션이 발생하면 구두가 빨리 닳는다?

경제학을 공부하다 보면 구석구석에서 경제학자들의 번뜩이는 재치를 느낄 때가 있다. 경제학자들이 즐겨 쓰는 구두창 비용-shoeleather cost도 그중 하나다.

인플레이션이 발생하면 돈을 보유한 사람들은 자신이 손해를 본다는 것을 잘 알고 있다. 돈의 가치가 떨어지기 때문이다. 그래서 사람들은 인플레이션이 발생할수록 수중에 돈을 덜 보유하려고 한다. 대신 한 푼이라도 이자를 더 받으려고 대부분의 돈을 은행에 맡긴다.

이처럼 사람들이 돈을 최소한으로 가지고 있다는 것은 그만큼 필요할 때마다 은행을 자주 들락거려야 한다는 것을 의미한다. 은행 방문에도 당연히 노력과 시간이 소요된다. 경제학자들은 이처럼 사람들이 은행을 자주 이용하면서 발생하는 비용을 구두창 비용이라고 부른다. 은행을 많이 드나들면 구두창이 쉽게 닳는 현상을 비유한 말이다.

체감 물가

왜 늘 정부 발표보다
장바구니 물가가 높은 걸까?

믿기 힘든 정부의 소비자물가 통계

정부가 발표하고 있는 통계 가운데 유독 사람들이 의심의 눈초리를 보내는 게 하나 있다. 바로 물가 통계다. 수시로 물건을 사고 식당을 이용하는 소비자로서 물건 가격에 관한 한 정부보다 더 정확하고 신속하게 파악하고 있다는 자신감을 갖기 마련이다.

각자 마음속으로 또는 가계부로 작성한 자신의 체감 물가에 비해서 정부가 발표하는 공식 물가가 항상 너무 낮다는 것에 대한 불신 표출이다. 물가의 야전 사령관이 보기에

사무실에 앉아서 펜이나 굴리는 정부가 물가를 제대로 파악하지 못할 것이라는 의구심도 깔려 있다.

전혀 말이 되지 않는 의구심은 아니다. 하지만 체감 물가와 정부의 공식 물가 사이의 괴리는 공식 물가 통계의 특성에서 비롯된 바가 훨씬 크다. 무엇이 체감 물가와 공식 물가를 이처럼 멀어지게 하는 것일까?

언론에 주로 등장하고 사람들 사이에 회자되는 물가는 구체적으로 말하면 소비자물가라는 녀석이다. 체감 물가와 공식 물가 사이에 차이가 발생하는 원인을 제대로 파악하려면 소비자물가를 어떻게 작성하는지 아는 게 도움이 된다.

치밀한 소비자물가 조사 작전

소비자물가는 우리나라 '도시 가계'에서 주로 구입하는 재화와 서비스 '460개'(2015년 기준)를 구입하는 데 필요한 돈이 얼마인지를 측정한다. 이를 좀 더 자세히 들여다보자.

첫째, 소비자물가는 '도시 가계'에 초점을 두고 있다. 서울을 비롯해 38개 주요 도시에 거주하는 소비자가 구입하는 상품의 가격을 조사한다.

이 말은 38개 도시에 포함되지 않는 지역의 가격은 소비자물가에 전혀 반영되지 않음을 의미한다. 일반적으로 도시의 물가가 도시 이외 지역의 물가보다 높은 편이다. 따라서 도시의 물가를 측정한다는 점은 체감 물가가 공식 물가보다 높은 이유를 설명하는 데 별 도움이 되지 않는다.

둘째, 소비자물가에는 460개 품목의 가격만 포함된다. 왜 500개도 아니고 하필 460개일까? 누가 460개라는 숫자를 결정하는 걸까? 이 460개에 해당하는 상품은 누가 고를까? 공식 물가에 대한 불신으로 가득 찬 사람들의 시각에서는 궁금증이 꼬리에 꼬리를 문다.

여기에도 다 원칙이 있다. 우리나라에서 물가 통계를 작성하는 부처는 통계청이다. 통계청은 가계의 가계부를 조사해 소비 지출액 비중이 높은 품목들을 선정한다. 전체 소비 지출액 가운데 비중이 1만분의 1 이상인 재화와 서비스를 정리해보니 460개로 나온 것이다. 금액으로는 한 달에 평균 231원 이상 지출하는 품목이다.

그러므로 460개라는 수치는 통계청이 사전에 임의로 '결정하는' 것이 아니라, 가계부 분석에 따라 사후적으로 '정해지는' 것이다. 어떤 때는 516개, 어떤 때는 451개일 수 있다는 뜻이다.

어차피 우리나라에서 거래되는 수만 개 품목의 가격을 일일이 다 조사하는 방법은 비현실적이다. 조사한다고 하더라도 비중이 1만분의 1 미만인 것들은 전체 물가에 아주 미미한 영향만 미치므로 편의상 무시하기로 정한 것이다. 그래서 460개에 포함되어 있지 않는 품목의 가격은 아무리 오르더라도 소비자물가에는 전혀 반영되지 않는다.

셋째, 460개 품목의 소비 지출액 비중이 크고 작음에 따라 소비자물가에서 차지하는 비중이 결정된다. 당연히 지출액 비중이 큰 품목은 소비자물가에도 큰 영향을 미친다. 예를 들어 배추가 소비자물가에서 차지하는 비중은 0.15퍼센트, 치킨이 차지하는 비중은 0.52퍼센트, 휴대전화 요금의 비중은 3.61퍼센트(2017년 기준) 등이다.

그러므로 배추 가격이 50퍼센트 폭등하더라도 소비자물가는 '단지' 0.075퍼센트 오른다(0.15×0.5=0.075). 반면에 휴대전화 요금이 10퍼센트 내려가면 소비자물가는 '무려' 0.361퍼센트나 하락한다(3.61×0.1=0.361).

부정확한 건 오히려 체감 물가

이제 소비자물가의 작성 방법에 대한 이해를 바탕으로 체감 물가가 소비자물가보다 높은 원인을 확인할 단계가 되었다. 여러 가지 원인이 가능하다.

소비자가 갖고 있는 주관적인 느낌을 첫 번째 원인으로 꼽을 수 있다. 소비자는 자신이 구입한 품목 가운데 가장 높았던 가격을 오래 기억한다. 비록 다음 날 가격이 조금 내렸더라도. 더 나아가 가장 높았던 가격을 전체 물가인 것으로 과장되게 생각하는 경향이 있다. 날씨 탓에 배추 가격이 50퍼센트 올랐다고 해서 다른 물건들도 모두 50퍼센트

씩 오르지는 않았다.

뿐만 아니라 가격이 내린 상품이 있다는 사실은 별로 의미 있게 생각하지 않는다. 소비자물가는 간단하게 말해서 460개 품목의 가중평균 가격이다. 이 가운데에는 가격이 오른 품목이 있지만 가격이 내린 품목도 있다. 소비자가 자주 구입하는 돼지고기나 배추 가격이 오른 반면에 10년에 한 번 정도 구입하는 세탁기나 냉장고 가격이 내렸다면 전체 물가는 오르지 않은 것으로 나타날 수 있다. 그럼에도 소비자는 자신이 시장에서 자주 구입하는 돼지고기나 배추 가격이 올랐다는 인식에 지배당해 소비자물가가 많이 올랐다고 느낀다.

구성 품목이 전체 소비자물가지수에서 차지하는 비중이 모두 다른 것도 중요한 원인이 된다. 비중이 작은 품목 수십 개의 가격이 오르고 비중이 큰 품목 한두 개의 가격이 내린다면 전체 소비자물가는 오르지 않을 수 있다. 그렇지만 이것저것 가격이 오른 품목들이 많다는 인식에서 소비자는 물가가 많이 올랐다고 느낀다.

마지막으로 가격 비교 시점이 다르다는 원인도 가능하다. 통계청은 지난달에 비해, 어떤 경우에는 정확히 1년 전에 비해 물가가 얼마나 올랐는지를 보고한다. 그러나 소비자는 과거에 자신이 물건을 샀던 시점이나 상대적으로 가격이 쌌던 시점과 비교해서 지금 물가가 많이 올랐다고 체감한다.

사람들은 직업, 거주지, 연령, 생활 습관, 가족 수 등에 따라 소비 양식이 각각 다르고 주로 구입하는 품목, 장소, 가격이 다르다. 그러므로 개인이 주관적으로 느끼는 체감 물가와 정부가 조사한 공식 물가 사이에 차이가 전혀 없기를 기대하는 것이 오히려 비현실적이다.

찰리 채플린의
슬픈 미소 속에 비친 진실

분노의 포도를 아시나요?

유명한 미국 소설가 존 스타인벡John Steinbeck의 대표작 《분노의 포도》. 커다란 사회적 반향을 일으키며 1940년 퓰리처상을 수상하기도 한 이 작품은 1930년대 미국 농민과 노동자들의 비참한 생활을 묘사한 대작이다.

제1차 세계대전 이후 호황을 누리던 미국에 불어닥친 경제 공포가 사회 곳곳을 초토화하는 모습을 그렸다. 가뭄과 대공황에 쫓겨 농지를 잃고 살아남기 위해서 서부로 이주하는 농부들의 기나긴 행렬, 빵을 배급받기 위해 길게 줄을 선 사람들, 먹을 것을 찾아 쓰레기통을 뒤지는 아이들……. 이토록 비극적인 풍경이 대공황 시절의 전형적인 모습이었다.

코 밑에 수염을 기른 당대 최고의 영화배우이자 감독이었던 찰리 채플린Charlie Chaplin 역시 대공황을 비켜가지 못했다. 대공황 시절을 경험한 채플린은 자본주의의 문제점을 신랄하게 비판하는 영화들을 많이 만들었다. 그중에서도 기계화 시대의 인간 소외를 그린 〈모던 타임스Modern Times〉는 단연 압권이다.

이 영화에서 채플린은 본의 아니게 폭동을 주도한 혐의로 감옥에 가지만, 수감 생활이 끝난 후에도 다시 감옥으로

돌아가기를 원한다. 길거리에는 실업자가 넘쳐나고 먹을 것과 잠자리를 구하기 쉽지 않았기 때문이다. 차라리 길거리보다 감옥이 낫다. 부둣가에서 먹을 것을 훔친 불행한 소녀와 함께 걸어가는 찰리 채플린. 그의 무뚝뚝한 표정과 어색한 미소에는 대공황의 슬픔이 고스란히 담겨 있다.

최대의 암흑기

이렇게 대공황이 소설이나 영화의 소재로 자주 등장한 것은 그만큼 미국이나 세계 경제에 큰 충격을 주었기 때문이다. 대공황은 사회 전체의 문화를 비롯해 생활 전반의 모습을 뒤바꿔버릴 정도로 위력적이었다. 대공황으로 사람들이 겪은 고통은 참혹 그 자체였다. 후대 사람들은 당시를 최대의 암흑기라 부른다.

미국 사람들은 공황을 의미하는 영어로 '디프레션 depression'을 사용했다. 당시의 경제 상황은 공황이라는 단어로 표현하기에 부족해 앞에 '대great'를 붙여 '대공황'이라고 부른다. 이후 미국 사람들은 경기가 안 좋을 때 공황이라는 표현을 쓰지 않는다. 대신 '불황recession'이라는 단어를 사용하기 시작했다. 공황이라는 말 자체를 피하고 싶은 미국인의 심정을 공감할 수 있는 대목이다.

그런데 대체 불황이 어느 정도였기에 대공황이라고 표현한 걸까? 1933년 미국의 실업률은 25.2퍼센트였다고 한다. 경제활동 인구 네 명 가운데 한 명이 실업자였던 것이다.

1997년 우리나라의 경제 위기 당시 실업률이 겨우(?) 7.0퍼센트였던 것과 비교해본다면 대공황의 실업 상태가 어느 정도였는지 짐작이 된다. 게다가 미국의 국민총생산은 대공황 기간 동안 30퍼센트나 줄어들었다. 무려 수천 개의 은행이 문을 닫아야 했다.

세의 법칙이 그대로 들어맞았던 시절

대공황이 시작되기 전까지는 정반대의 상황이었다. 기업이 생산한 물건은 시장에 나오기만 하면 금세 팔렸다. 수요가 공급보다 많았던 시절이다. 기업의 생산 능력이 지금과 비교해 보잘것없었으므로, 생산량이 시장 수요를 미처 따라가지 못했던 것이다.

이보다 약 100년 전쯤 프랑스 경제학자 장 바티스트 세(또는 세이)Jean-Baptiste Say라는 사람은 "공급 없이는 수요도 없다"면서 공급의 중요성을 강조했다. 나중에 그의 이야기는 "공급은 스스로의 수요를 창출한다"라는 쉬운 말로 변형되었다. 이것이 바로 널리 알려진 세의 법칙(세이의 법칙) Say's law이다.

당시는 세의 이론이 잘 들어맞았다. 시장에 수요가 부족한 현상은 상상하지 못할 일이었다. 따라서 사람들의 최대 관심사는 '어떻게 하면 생산을 늘릴 수 있을까'로 모아졌다. 그리고 실제로 기업들은 너도나도 생산 능력을 키우는 데 투자를 아끼지 않았다.

그러나 어느 순간부터 공급이 수요를 앞지르기 시작했다. 만들어도 팔리지 않는 현상이 발생하기 시작했다. 상황이 반전되었다. 기업의 활발한 투자가 어느새 과잉 투자로 바뀌어 있었다.

자유방임주의가 최고의 미덕?

당시 대부분의 경제학자들은 조금만 참고 기다리면 실업이 해소되고 다시 생산이 활발해질 것이라 믿었다. 곧 대공황이라는 암흑의 터널을 빠져나올 수 있으리라 기대했다. 그러나 기대와는 달리 경기는 갈수록 악화되었다. 거대한 늪에 빠진 것처럼.

상황이 이렇게 미궁 속으로 빠져들고 있었지만, 사람들은 정부가 시장에 개입해서 이 문제를 해결해야 한다고 감히 생각하지 못했다. 정부는 그저 국방이나 외교를 담당하며 경제와 관련해서는 최소한의 역할만 해야 한다는 생각이 지배적이었기 때문이다. 그만큼 시장을 믿었다. 애덤 스미스의 자유방임주의 사상의 영향 덕분이다. 자유방임주의가 최고의 미덕이자 절대적인 진리였다.

대부분의 경제학자들이 속수무책으로 손을 놓고 있을 때, 존 메이너드 케인스라는 경제학자가 색다른 주장을 하고 나섰다. 정부가 적극적으로 시장에 개입해서 문제를 해결해야 한다고 말이다. 지금 생각해보면 케인스의 주장은 매우 명쾌하며 오늘날 보통 사람들도 당연하게 여기고 있는 생각이다. 하지만 그 당시 케인스의 주장은 대부분의 사람들에게 찬밥 신세였다.

위대한 경제학자, 케인스가 등장하다

케인스의 논리는 명료했다. 그는 실업자가 많이 발생하고 기업의 생산이 부진한 것은 시장에 수요가 부족한 탓이라고 진단했다. 따라서 어떻게 해서든지 새로운 수요를 창출해야 이 문제를 해결할 수 있다고 생각했다.

그렇다면 어떻게 수요를 늘릴 수 있을까? 첫 번째 가능성은 소비자들이 소비를 늘리는 것이지만 실업률이 25퍼센트에 이르고 그나마 취업자도 언제 일자리를 잃을지 모르는 불안한 상황에서 소비자들에게 소비를 늘릴 여력이 없었다. 돈이 있는 사람들조차 미래를 대비해 한 푼이라도 아끼려고 했다. 따라서 소비 증대를 통한 수요 확대는 기대하기 어렵다고 케인스는 생각했다.

수요를 늘릴 수 있는 두 번째 방법은 기업이 투자를 늘리는 일이었다. 그렇지만 이것 역시 기대하기 어렵다는 것이 케인스의 생각이었다. 재고가 쌓여가고 소비가 부진한 상황에서 투자를 늘릴 비합리적 기업은 없었다.

그렇다면 기대할 곳은 정부뿐이었다. 케인스는 정부가 나서서 수요를 창출해야 한다고 주장했다. 발상의 전환이었다.

처음에는 일반인들은 물론 경제학자들도 그의 주장을 받아들이지 않았다. 마치 지구가 우주의 중심이라고 믿었던 사람들에게 지동설을 주장한 코페르니쿠스의 경우처럼, 어느 누구도 케인스의 생각에 고개를 끄덕이지 않았다.

케인스의 주장을 시험해본 곳은 미국이었다. 당시 미국 대통령이었던 루스벨트는 정부의 공공사업을 통해 수요 확대와 고용 창출을 시도했다. 이것이 그 유명한 뉴딜New Deal 정책이다.

케인스는 루스벨트 대통령에게 보낸 편지에서 자신의 생각을 강력하게 주장했다.

"철도 사업과 같이 대규모로 빠르게 성장하는 사업을 선정해 집중적으로 대출해줌으로써 경제를 조기에 성장시켜야 합니다."

루스벨트는 케인스의 의견을 받아들였다. 그리고 대규모 토목 공사를 비롯해 적극적으로 공공사업을 벌였다. 사람들은 일자리를 얻게 되었고, 기업의 기계는 다시 돌아가기 시작했다.

루스벨트는 국민의 심리를 중요하게 생각한 대통령이다. 휠체어를 타는 장애인 대통령으로도 유명한 그는 국민들이 느끼는 쓸데없는 공포를 불식시키고 자신감을 심어주려고 노력했다. 그는 미국이 대공황에서 벗어날 수 있다는 자신감을 북돋우기 위해 정기적으로 라디오 연설을 했고,

국민을 경제 위기 극복의 주체로 만드는 데 성공했다.

　루스벨트는 당시의 경제 상황을 국민들에게 솔직하게 고하고, 정부 대책에 대한 협조를 구했다. 그는 취임 연설에서 유명한 말을 남겼다.

　"우리가 두려워해야 할 것은 두려움 그 자체입니다."

　근거 없는 공포는 위기를 극복하는 데 필요한 노력을 마비시킨다.

가계부에서 나라 재정까지,
모든 수지의 비밀

수지, 수지 그리고 또 수지

"지난달 수출이 호조를 보여 사상 최대의 상품수지 흑자를 기록했습니다."

"방학을 맞이해 해외여행자가 급증하고 있습니다. 서비스수지의 적자폭이 크게 확대된 요인이었습니다."

"우리나라 경상수지가 7년 연속 흑자를 기록하고 있지만, 흑자 폭은 크게 줄었습니다."

뉴스를 듣거나 신문을 보면 무슨 수지가 그리도 많은지 들을수록 헷갈린다. 대충 내용이 어떻다는 것은 알겠는데,

상품수지가 뭔지, 경상수지는 또 뭔지 정확하게 이해하기 힘들다. 수지의 종류가 하도 많아서 전문가조차도 머리가 복잡한 것이 사실이다.

물론 우리가 모든 종류의 수지를 완벽하게 구분하고 이해할 필요는 없다. 하지만 중요한 몇 가지 수지는 이해하고 있는 것이 좋다. 특히 뉴스나 신문에 자주 나오는 중요한 수지들은 우리 생활과 아주 밀접하게 연관되어 있다.

'수지'의 '수'를 수학의 '수(數)'로 착각하고 있는 사람들이 간혹 있다. '수지'를 한자로 표기하면 '收支'다. 수입(收入)과 지출(支出)을 합친 말이다.

가정에서는 번 돈과 쓴 돈을 가계부에 꼼꼼히 기록한다. 가계부를 보면 언제든지 가계의 수지를 확인할 수 있다. 만약 들어온 돈이 나간 돈보다 많으면 가계부는 흑자고, 반대로 나간 돈이 들어온 돈보다 많으면 가계부는 적자다. 기업도 매출을 통해 벌어들인 돈과 비용으로 지출한 돈 등을 회계 장부에 기록해 경영 실적을 정리한다.

국가도 마찬가지다. 나라 살림을 잘하기 위해서 외국과 거래한 돈의 흐름을 일일이 기록하고 있다. 우리나라가 외국과의 거래에서 어디에서 돈을 벌었으며, 어디에 얼마만큼 썼는지 그리고 남거나 부족한 외화는 어느 정도이며, 남았다면 남은 외화를 어떻게 운용했는지 등을 체계적으로 기록한 것을 국제수지표라고 한다. 국제수지표는 국가의 가계부인 셈이다.

가정에서는 가계부를 체계적으로 관리하기 위해 지출한 돈을 식비, 교통비, 교육비 등으로 항목을 나누어 기록하고 정리한다. 국제수지를 기록하는 국가의 가계부도 마찬가지로 항목을 구분한다. 그 구체적인 항목들이 상품수지, 서비스수지, 자본수지 등이다.

상품수지는 우리나라와 다른 나라 사이에 상품(재화)을 수출입해 주고받은 돈을 기록한 것이다. 수출이 수입보다 많으면 상품수지가 흑자이며, 수입을 수출보다 많이 하면 상품수지가 적자로 된다.

우리는 다른 나라와 상품(재화) 말고 서비스도 거래하고 있다. 여기에서 말하는 서비스에는 운송, 여행, 통신, 보험, 지식 재산권 등이 있다. 다른 나라와 서비스를 거래해 번 돈과 지급한 돈을 서비스수지에 기록한다. 우리나라 선박이나 비행기가 상품을 운송하고 받은 운임, 우리나라 관광객이 해외에서 쓴 여행 경비와 외국인이 우리나라에서 쓴 여행 경비 등이 서비스수지에 반영된다.

본원소득수지는 생산요소인 자본과 노동을 외국에 제공하고 벌어들인 돈과 우리가 외국인에게 지불해준 돈을 기록한 것이다. 외국에 투자해 벌어들인 배당금과 이자 그리고 외국에 단기간(1년 이내) 머물면서 일한 대가로 받은 임금 등이 본원소득수지에 포함된다.

지금까지의 수지들은 모두 무엇인가를 제공하고 그에 대한 대가로 돈을 주고받은 결과를 나타내지만, 이전소득수지는 아무런 대가 없이 주고받은 돈을 기록하는 항목이다. 아무런 대가 없이 돈을 주고받는다? 과연 그런 경우가 있을까?

해외에 있는 친척에게 보내는 송금, 종교기관이나 자선단체가 외국에 전달하는 기부금, 적십자사의 구호금, 정부의 구호 자금 등이 있다.

경상수지 =
상품수지 + 서비스수지 + 본원소득수지 + 이전소득수지

지금까지 이야기한 네 가지 종류의 수지를 모두 합하

238

면 경상수지가 된다. 다시 한번 정리해보자. 우리 기업들이 수출을 많이 하게 되면 상품수지가 개선되고, 이는 경상수지 개선으로 직결된다. 휴가 때 우리나라 사람들이 해외여행을 많이 하더라도 이는 우리나라의 상품수지와는 관계없다. 대신 서비스수지가 영향을 받고 자동적으로 경상수지가 변한다.

이 외에도 국제수지에는 자본수지와 금융계정이 있다. 외국에서 돈을 빌리거나 외국에 돈을 빌려줄 때 발생하는 외화의 수취와 지급을 기록하는 곳이다.

이처럼 정말 많은 종류의 국제수지가 있지만, 뉴스에 가장 많이 나오고 비전문가들이 흔히 관심을 갖고 있는 국제수지는 경상수지다. 수출과 수입의 결과이며 경제 전반에 미치는 영향이 가장 크기 때문이다.

그래서 국제수지 흑자라고 얘기하면 보통 경상수지 흑자를 말한다. 재화와 서비스의 거래를 통해서 우리가 벌어들인 외화가 외국에 지급한 외화보다 많으면 경상수지가 흑자를 기록한다.

경상수지가 흑자가 되면 우리나라가 보유하는 외화가 늘어난다. 정부는 이 외화를 가지고 그동안 외국에 진 빚을 갚거나 금고에 쌓아 외환 보유액을 늘린다. 어떤 용도로 사용하든 모두 우리나라의 신용도를 높이는 데 기여한다.

매사 그렇듯, 좋은 측면만 있는 게 아니다. 경상수지 흑자 규모가 크면 교역 상대국에서 무역 압력을 가해올 수 있다. 또 국내에 외화가 많아지면 환율이 하락하고 국내 물가가 상승할 우려도 있다.

6부

어른들도
제대로 **모르는**
세금의 비밀

나라의 운명과 세계사를 바꾼
세금의 힘

17세기 영국의 창문세를 아시나요?

회사에서 월급을 받으면 소득세를 내고, 가족과 외식을 한 번 하더라도 부가가치세를 낸다. 자동차를 구매하면 자동차세, 취득세, 개별소비세, 교육세까지 열 가지 남짓한 세금을 내야 한다.

많은 사람이 세금 없는 세상을 꿈꾸곤 하지만, 말 그대로 그것은 허황된 꿈에 불과하다. 역사적으로 별의별 세금이 다 있었다는 사실을 통해, 우리가 지금 내고 있는 세금들은 그나마 양반이라는 정도로 위안을 삼는 것도 한 방법이리라.

프랑스 경제학자 세가 겪었던 일화로 더욱 유명해진 세금이 있다. 그가 영국을 여행하던 중 시골의 작은 호텔에 머무르게 되었다. 어느 날 아침 호텔 직원이 양해를 구하더니 그의 방으로 들어와 창문을 부순 다음 벽처럼 꾸미기 시작했다. 당황한 세가 직원에게 물었다.

"왜 멀쩡한 창문을 부수는 거요? 나더러 사방이 꽉 막힌 방에서 지내라는 겁니까?"

그러자 이렇게 세상 물정을 모르는 사람이 있냐는 듯 직원이 퉁명스레 대답했다.

"이게 다 세금 때문이랍니다."

사정은 이랬다. 17세기 영국 왕 윌리엄 3세는 프랑스와의 오랜 전쟁으로 국가 재정이 고갈되자 벽난로가 있는 호화 주택에 대해 벽난로세를 부과했다. 그렇지만 집 안에 벽난로가 있는지를 정부가 조사하기 어렵게 되자, 집 밖에서도 손쉽게 판단할 수 있는 창문의 수를 기준으로 세금을 부과하기 시작했다. 이것이 그 유명한 창문세window tax다. 오늘날 기준으로 일종의 재산세인 셈이다.

세가 묵었던 호텔에서는 창문세로 인한 세금 부담을 줄이기 위해 창문을 폐쇄했던 것이다. 호텔뿐이 아니었다. 영

244

국 사람들은 창문세를 납부하기 싫어 자기 집의 창문들을
없애기 시작했다. 세금을 적게 내려고 어두컴컴한 생활을
택했다. 그래서 사람들은 창문세를 빛과 공기에 대한 세금
이라고 비아냥거렸다. 영국 시민들의 삶의 질을 악화시킨
창문세는 156년이 지난 1851년에 폐지되었다.

장례세, 공기세, 독신세, 초야세

창문세 외에도 유럽에서는, 물론 지금은 모두 폐지되었

지만, 장례세, 공기세, 독신세, 초야세(初夜稅) 등이 악명을 떨쳤다.

러시아의 표트르 대제(또는 피터 대제로 불림)는 서구화 정책과 영토 확장으로 오늘날의 러시아를 있게 만든 황제다. 몽골의 잔재가 많이 남아 있던 러시아에 서유럽의 기술과 문화를 수용하는 정책을 강력하게 전개함으로써 러시아의 근대화를 이끈 인물이다.

서구 문명을 사랑했던 그는 러시아 남자들의 긴 수염이 마음에 들지 않았다. 근대화를 이룬 서유럽에서 만난 서구인 대다수는 수염을 기르지 않았기 때문이다. 표트르 대제는 왕족, 귀족, 군 관료가 모인 궁 만찬장에서 자신의 수염을 먼저 잘랐다. 그리고 "지금 이 순간부터 모든 러시아 남성은 수염을 기르지 못한다"고 선언했다. 길거리에서 수염이 있는 남자들을 단속해 수염을 잘라버렸다.

전통적으로 수염을 길게 길러왔던 러시아 남자들은 당연히 이에 반발했다. 러시아 국교인 정교회 지도자들의 저항이 특히 심했다. 그들에게 수염 없는 얼굴은 종교적으로 불경스러움을 뜻했다.

우리나라에서 1895년에 내려졌던 단발령에 대한 극심한 반발과 궤를 함께한다. 당시 사람들은 "사람의 몸, 터

력 하나, 피부까지 부모로부터 물려받았다(신체발부 수지부
모)" 또는 "목은 잘라도 머리털은 못 자른다(오두가단 차발
불가단)"고 분개하며 완강하게 저항했다.

러시아 남자들은 수염 단속을 피해 웬만하면 집에서 나
오지 않는 방법으로 표트르 대제의 정책에 저항했다. 수염
금지의 효과가 미진하자 표트르 대제는 묘안을 생각해냈
다. 수염을 기르고 싶은 사람은 기르되, 대신에 수염에 대
해 매년 100루블의 세금을 내라는 조치였다. 개혁에 필요
한 예산을 조달하려는 의도도 깔려 있었다.

결과는 어땠을까? 세금을 아끼려고 스스로 수염을 깎
는 사람들이 나타나기 시작했다. 사람들이 얼마나 세금
내기를 싫어했으면 그토록 거부했던 수염 자르기를 선택
했을까?

사실 수염세beard tax는 영국의 헨리 8세가 1535년에 처
음으로 부과하기 시작했다. 같은 수염세이지만 취지는 정
반대였다. 당시 영국에서의 수염은 신분이나 지위의 상징
이었다. 영국에서 부과된 수염세는 일종의 부유세로서, 지
위가 높을수록 많은 금액을 냈다. 그러나 희한한 세금은
그 타당성이 취약해 오래 징수하기 힘든 법이다. 그러한
탓에 이러한 세금을 징수하는 나라는 오늘날 찾아보기 힘

들다.

세금이 없어지기만 하지는 않는다. 시대를 반영해 새로 생겨나기도 한다. 영국은 2018년부터 설탕이 많이 들어간 탄산음료에 설탕세를 부과하기 시작했다. 탄산음료로 인해 어린이와 청소년의 비만이 심해지자 탄산음료 소비를 줄이려는 취지에서 등장했다. 설탕 함량에 비례해서 세액도 많아진다. 멕시코, 프랑스, 노르웨이 등도 설탕세를 부과하고 있다.

비만세를 부과하는 나라도 있다. 이름만 다를 뿐, 비만세나 설탕세는 취지가 유사하다. 설탕 외에, 비만을 유발하는 원인인 포화지방을 많이 포함하고 있는 정크푸드에 부과하는 세금이다.

조세 저항과 조세법률주의

과거에 부과되었던 희한한 이름의 세금과 그 결과를 오늘날의 시선으로 보면 웃으면서 넘길 해프닝처럼 여겨진다. 국민으로부터 세금을 거둘 수 있는 막강한 힘을 가진 정부는 자신의 힘을 결코 그냥 썩히고 있지는 않는다.

그렇다고 정부가 이 망치를 마구잡이로 휘두른다면 국

민들로부터 거센 조세 저항을 받게 된다. 세금의 혜택이 자신에게 돌아오는 것은 누구나 반기지만, 정작 혜택 제공에 필요한 세금을 내라면 거부감이 생긴다. 분명한 점은 많은 국민의 불만을 초래하는 불합리한 세금은 국가를 불안정하게 만든다는 사실이다.

우리나라에서도 세금 때문에 한 국가가 멸망하는 전철을 밟은 적이 있다. 고려의 이야기다. 고려 시대에는 백성들이 농사를 통해 거둔 곡식을 땅주인인 지주와 나누고 나머지 중 일부를 국가에 세금으로 바쳤다. 하지만 중앙정부가 방방곡곡의 개인별 곡식 생산량을 일일이 파악하기 힘들어, 지역의 벼슬아치들에게 세금을 대신 거둘 수 있는 권리를 부여했다.

지역 관리들이 자리에서 물러나면 세금을 거둘 수 있는 권리를 반납해야 했지만 온갖 방법을 동원해 세금을 계속 거두었다. 심지어는 자식에게까지 그 권리를 세습하기도 했다. 이에 동일한 토지에 대해서 여러 명에게 세금을 내야 하는 처지가 된 농민들이 많아졌다. 이들은 농토를 버리고 떠돌아다니거나 도적이 되기도 했다. 민심이 흔들리면서 고려는 마침내 조선에 자리를 내주었다. 중앙정부가 조세 시스템을 제대로 관리하지 못해서 생겨난 일이다.

영국의 식민지였던 미국이 독립 전쟁을 벌이게 된 배경도 과도한 세금이었다는 것은 유명한 역사적 사실이다. 영국이 북아메리카 식민지에 대해서 가혹한 세금을 부과하자 식민지 주민들은 "우리 대표가 참석하지 않은 영국 의회에서 결정한 세금은 낼 수 없다"며 강력하게 반발했다.

그럼에도 영국이 계속해서 홍차에 대한 세금을 유지하자 이에 반발한 주민들이 보스턴 항구에 정박하고 있던 영국 동인도 회사 소속의 배를 습격해 홍차 상자를 바다에 버렸다. 이것이 독립 전쟁에 불을 붙인 결정적 계기가 된 '보스턴 차 사건'이다. 1773년 12월의 일이다. 그리고 3년 뒤 1776년에 미국은 마침내 영국으로부터 독립을 선언했다.

여기에서 유래된 원칙이 "대표 없는 과세는 없다"이며, 이를 조세법률주의라고 부른다. 국민의 대표가 동의하지 않은 세금은 낼 수 없다는 뜻으로서, 오늘날 대부분 국가가 세금 징수의 기본 원칙 가운데 하나로 채택하고 있다.

우리나라도 헌법 제59조에 "조세의 종목과 세율은 법률로 정한다"고 규정함으로써, 이 원칙을 따르고 있다. 국민의 대표인 국회가 어느 종류의 세금을 누가 얼마나 내야 하는지를 결정한다. 정부가 자의적이고 임의적으로 세금을 부과해 국민의 재산권을 침해하는 것을 막기 위한 원칙이다.

사람들은 금전적인 인센티브incentive, 즉 경제적 유인에 민감하게 반응한다. 가격이 오르면 소비자들은 수요량을 줄인다. 성과에 따라 보너스를 지급하면, 직원들은 더 열심히 일하고 회사 성과는 개선된다.

이와 동일한 맥락에서 세금 역시 사람의 행동을 변화시킨다. 그토록 수염 깎는 것을 거부했던 러시아인들조차 수염세가 도입되자 자발적으로 수염을 깎기 시작했다. 창문세를 부과하자 영국인들은 창문을 없앴다.

그것이 긍정적이든 부정적이든, 조세는 이렇듯 사람의 행동에 영향을 미친다. 우리는 당연히 부정적인 영향을 우려하지 않을 수 없다.

그러므로 국민이 선출한 정부와 국민의 대표자라 할 수 있는 국회가 세금 관련 법을 만들 때에는 그로 인해 경제와 국민이 받게 될 영향을 심사숙고해 결정해야 한다. 그렇지 않다면 비록 법에 의해 정해진 세금이라도, 진정한 국민의 뜻이라 할 수 없다.

돈 벌면 내고
더 벌면 더 낸다

수평적 형평성과 수직적 형평성

명분이 어찌 되었든 조세는 개인의 재산권을 침해하는 행위다. 그러므로 조세는 엄밀하고 공정하게 설계되어야 하고, 징수의 타당성과 형평성을 충족함으로써 개인에게 주는 피해와 시장 왜곡을 최소화해야 한다.

이러한 차원에서, 정부가 조세를 걷을 때 지켜야 할 두 가지 측면의 형평성(또는 공평성)이 있다.

첫 번째는 수평적 형평성을 유지해야 한다는 원칙이다. 소득이 동일한 사람은 동일하게 취급해야 한다는 원칙이다. 정당하게 얻은 소득이 동일한 사람들은 성별, 혼인 여부, 종교와 직업에 관계없이 동일한 세금을 납부해야 한다. 예를 들어 직장인과 자영업자는 소득이 같다면 동일한 세금을 납부해야 한다. 이 원칙에 대해서는 누구나 수긍할 수 있을 것이다. 마치 정치에서 국민 누구나 한 표씩 동등하게 투표권을 행사하는 원칙과 같다.

두 번째 원칙은, 서로 다른 사람들을 서로 다르게 취급해야 한다는 수직적 형평성이다. 소득이 많은 사람과 소득이 적은 사람이 같은 금액의 세금을 내면 형평성에 어긋난다. 그래서 우리는 소득이나 자산이 많은 사람은 그렇지 않은 사람보다 세금을 더 많이 납부하는 것이 타당하다고 생각한다. 경제적 수준에 따라 더 많은 세금을 납부할 수 있는 사람은 세금을 더 많이 내야 한다는 것이다.

회사원 지갑은 유리 지갑?

우리나라는 두 가지 형평성을 잘 달성하고 있을까?

먼저 수평적 형평성을 살펴보기 위해 회사원과 자영업자의 소득세 부담을 생각해보자. 회사원, 즉 근로소득자의 소득은 투명하게 공개된다. 친구나 가족에게야 비밀로 할

수 있겠지만 회사의 회계담당자와 정부에는 숨길 도리가 없다. 회계 담당부서는 단 1원까지 정확하게 월급을 계산하고 세금을 차감한 후 나머지 돈을 회사원에게 지급한다. 그리고 이 내용은 국세청에 고스란히 전달된다. 따라서 회사원은 소득 발생에 대해 소득세를 완벽하게 납부한다.

　이와 같이 근로소득자는 탈세의 여지가 없다. 흔히 사람들이 근로소득자의 지갑을 유리 지갑에 비유하는 이유가 여기에 있다. 투명한 유리 속의 물건을 쉽게 볼 수 있는 것처럼 근로소득자의 돈은 국세청에 투명하게 노출된다는 뜻

미니멀 경제학

이다. 심지어 아르바이트를 해서 버는 적은 소득에 대해서도 어김없이 소득세가 부과된다.

하지만 자영업자나 의사, 변호사 같은 자유직업소득자의 경우에는 이야기가 달라진다. 자신이 얼마의 수입을 올렸는지를 국세청에 신고하도록 되어 있다. 만약에 자신의 수입 규모를 속여서 신고한다면 국세청으로서는 이를 적발하기가 여간 어려운 일이 아니다. 그러니 자신의 수입 규모를 축소 신고해서 세금을 적게 내려는 동기가 생긴다.

실제로 우리나라에서는 자영업자나 자유직업소득자가 수입 규모를 속여 탈세하는 관행이 여전히 남아 있음을 뉴스를 통해 종종 확인할 수 있다. 국세청은 모든 거래를 신용카드로 하거나 현금으로 할 경우에는 반드시 영수증을 발급하도록 유도함으로써 이 문제를 해결하려고 한다. 신용카드 사용 기록은 신용카드 회사에 고스란히 남기 때문에 축소 신고가 불가능해진다.

하지만 일부 자영업자나 자유직업소득자는 고객에게 신용카드 대신에 현금으로 결제하면 10퍼센트 할인해주겠다는 달콤한 제안을 하여 탈세를 시도한다. 돈을 절약하려고 이 달콤한 제안을 덥석 물어 현금으로 결제하는 고객은 이들의 탈세를 간접적으로 도와주는 셈이다.

결국 소득이 같은데도 근로소득자에 비해 비근로소득자가 세금을 적게 냄으로써 수평적 형평성의 원칙이 잘 지켜지지 않고 있다. 자영업자보다 돈을 더 적게 벌면서도 세금은 더 많이 내는 근로소득자의 불만이 하늘을 찌를 정도다.

소득이 많으면 세금도 많이

이번에는 수직적 형평성 문제다. 수직적 형평성을 달성하려고 도입한 조세 체제가 누진세 제도다. 누진세란 소득이 증가함에 따라 평균 세율이 증가하는 조세를 말한다. 예를 들어 소득이 1000만 원인 사람에게 6퍼센트의 세율이, 소득이 3000만 원인 사람에게는 15퍼센트의 세율이, 소득이 6000만 원인 사람에게는 24퍼센트의 세율이 적용되는 식이다. 소득이 많아질수록 내야 하는 세금이 기하급수적으로 많아진다.

세금을 내고 난 후 남는 소득을 처분 가능 소득 또는 가처분 소득이라고 한다. 누진세가 적용되면 고소득자와 저소득자 사이의 처분 가능 소득의 격차가 좁혀진다. 소득이나 재산의 불평등도 완화된다.

우리나라는 근로소득세, 재산세, 증여세, 상속세 등에

256

대해 누진세를 적용하고 있다. 소득의 지나친 불평등은 사회의 안정성을 저해할 수 있으므로 누진세에 의한 소득의 평준화 효과는 긍정적으로 평가할 수 있다.

그러나 공짜는 없다. 강력한 누진세는 노동의욕을 저하시킬 우려가 있다. 일을 열심히 할수록 소득이 증가하지만, 소득의 상당 부분을 세금으로 내야 한다면 굳이 일을 더 열심히 하려는 동기가 위축되기 때문이다.

소득이 많은 사람들의 생산성이 더 높은데, 이들에게 너무 높은 세율을 적용한다면 이들은 세금을 피하기 위해 아예 일을 덜 하고 차라리 여가를 선택한다. 한 시간에 100만 원의 생산성을 가진 사람이 한 시간 일을 덜 하는 것은, 한 시간에 10만 원의 생산성을 가진 사람이 한 시간 일을 덜 하는 것보다 경제 전체에 더 큰 손실을 초래한다.

따라서 누진세 자체는 바람직하지만 사람들의 노동의욕이나 경제 전체의 효율성을 저해하지 않을 정도로 적정한 선에서 유지할 필요가 있다. 그 적정선이 어느 정도인지에 대해서는 개인의 상황에 따라 의견이 다르므로 논쟁이 끊임없이 이어지고 있다.

소득이 많은 사람이 세금을 더 적게 낸다고?

누진세와 달리, 소득이 증가함에 따라 평균 세율이 오히려 하락하는 조세가 있다면 믿겠는가?

누진세와 대조적인 역진세다. 수직적 형평성에 정면으로 배치되고 소득의 불평등에 부정적으로 영향을 미치므로 바람직하지 못한 세금이다. 세상에 그런 세금이 어디 있느냐고 믿지 않는 사람이 있겠지만, 안타깝게도 존재한다. 이 녀석은 많은 사람들의 불평을 의식해서인지 자신의 모습을 숨기고 있어 잘 보이지 않을 뿐이다.

우리가 물건을 살 때 내야 하는 부가가치세를 생각해보자. 가격이 110만 원인 스마트폰을 살 때, 그 속에는 10만 원의 부가가치세가 포함되어 있다. 이 10만 원이라는 세금은 부자가 스마트폰을 사든지 가난한 사람이 사든지, 심지어 용돈에 의존하는 학생이 사더라도 동일하게 부과된다.

월 소득이 200만 원인 사람이 스마트폰을 사면서 내는 부가가치세 10만 원은 소득과 비교하면 5퍼센트의 세율에 해당한다. 하지만 월 소득이 1000만 원인 사람에게는 단 1퍼센트의 세율밖에 되지 않는 셈이다. 결국 소득이 높아질수록 피부로 체감하는 세율이 낮아지고 조세 부담도

덜한 셈이다. 이런 의미에서 부가가치세는 역진세의 성격을 지닌다.

복권도 사실상 역진세에 해당한다. 복권에 무슨 세금 이야기를 갖다 대냐고 의아해하는 사람이 있을지 모르겠다. 우리나라에서 발행하고 있는 복권 수익금은 각종 공공 목적으로 사용되도록 규정하고 있다. 공공 목적의 사업은 정부가 세금을 거두어 시행해야 하는 것이 맞다. 세금을 늘리는 것이 부담스러운 정부에서는 복권을 팔아 대신하고 있으므로, 복권 판매액은 사실상 세금으로 간주해도 좋다.

문제는 이 복권을 구입하는 사람들이 주로 저소득층이라는 데 있다. 이 사실은 우리 주위에서도 쉽게 확인할 수 있다. 승산이 매우 낮은 게임에 가난한 사람들이 복권 구입비, 즉 세금을 더 많이 지출하고 있는 셈이다.

살 때도 팔 때도
갖고 있어도 세금!

정부가 망국병에 대처하는 법

부동산 투기는 망국병이라는 말이 있다. 그만큼 부동산 투기로 돈을 번 사람이 많으며, 사람들이 부동산 투기에 관심이 많아서 생겨난 말이다. 대통령 후보 가운데 부동산 가격을 안정시키겠다는 공약을 내세우지 않는 후보는 단 한 명도 없다. 모든 정부는 부동산 가격 안정을 중요한 국가 정책 가운데 하나로 시행한다.

정부가 부동산 가격 안정을 위해서 사용하는 중요한 정책 수단이 세금이다. 그리고 부동산 관련 세금 이야기를 할 때마다 빠지지 않고 나오는 용어가 거래세와 보유세다.

내년부터 고가 주택, 보유세 부담 두 배
부동산 거래세 완화하기로
부동산 보유세 올리되, 거래세 인하

언론에서 자주 접하는 기사 제목들이다.

거래세와 보유세라는 이름의 고유한 세금이 있는 것은 아니다. 부동산과 관련해서 적용되고 있는 여러 세금들을 성격에 따라 분류하는 이름일 뿐이다. 이름에서 이미 그 성격을 쉽게 간파했을 테지만 어떤 성격의 세금인지 정확하게 알아두자. 지금 당장 내 집을 사지 않더라도, 조만간 경험하게 될 세금이니까.

냉장고 보유세? 스마트폰 보유세?

먼저 우리나라에서 부동산을 사고팔거나 보유하고 있을 때 어떤 세금을 내는지 알 필요가 있다. 부동산을 새로 사는 사람은 취득세와 등록세를 내야 한다. 취득세는 부동산을 산 사람이 말 그대로 부동산을 획득했기 때문에 내는 세금이다. 취득한 부동산이 크고 비쌀수록 취득세도 많아진다.

　부동산을 산 사람은 부동산 권리를 등기에 등록해야 하는데 이에 대한 대가로 등록세를 낸다.

　부동산을 판 사람은 양도소득세를 낸다. 부동산을 판 가격이 살 때보다 높으면 부동산 거래로 차익을 얻게 되는데 그 이익 중 일부를 정부가 환수하는 세금이다.

　지금까지 이야기한 취득세, 양도소득세 등이 거래세에 해당한다. 말 그대로 부동산을 거래할 때(사고팔 때) 발생

하는 세금이다.

이제 부동산을 산 사람은 그 부동산을 소유하게 된다. 부동산은 그 사람의 재산이 되므로 소유자는 보유 재산에 대해서 세금을 내야 한다. 이것이 보유세다. 자동차를 갖고 있는 경우에도 자동차세가 부과되는데 이 역시 보유세에 해당한다.

물론 우리가 보유하는 모든 물건에 대해서 보유세를 징수하지는 않는다. 냉장고 보유세, 스마트폰 보유세 같은 것은 없다. 우리나라는 자동차, 주택, 토지, 선박, 항공기 같은 일부 재산에 대해서 보유세를 부과하고 있다.

부동산 보유세에는 재산세와 종합부동산세가 있다. 집이나 토지 등 보유하고 있는 재산의 가치가 높을수록 세율이 누진적으로 높아져 재산세를 많이 내야 한다.

그런데 만약 보유하고 있는 부동산 가치가 6억 원 이상인 사람은 재산세 외에 추가로 종합부동산세를 내야 한다. 고가 주택을 보유하고 있는 사람에 대해서 세금을 더 많이 거두겠다는 취지다.

정답은 없다!

거래세 부담을 늘리든 보유세 부담을 늘리든 주택을 거래하고 보유하는 사람들에게는 반가운 소식이 아니다.

그렇다면 거래세와 보유세 가운데 어느 것을 늘리는 것이 주택 가격을 안정시키는 데 효과적일까? 각각 장단점이 있으므로 단정하기 어렵다. 그래서 정부는 이 정책에서 저 정책으로 오가기를 반복하고 있다.

먼저 거래세를 생각해보자. 정부는 주택 가격 안정을 위한 수단으로 양도소득세를 강화하는 정책을 즐겨 쓴다. 양도 차익을 많이 거둔 사람에 대해 중과세를 해서, 이른바 투기를 잡겠다는 취지다. 양도소득세가 강화되면, 투기를 목적으로 주택을 사려는 수요가 분명히 위축된다.

하지만 공급에 문제가 생긴다. 지금 당장 주택을 팔아서 양도소득세를 많이 내느니, 차라리 그냥 보유하고 있는 게 낫다는 판단에서 주택을 팔려는 사람들이 줄어든다. 언젠가 양도소득세가 다시 인하될 것이라는 희망을 갖고 때가 오기를 기다린다.

그래서 시장에 주택을 팔려는 공급이 줄어든다. 수요도 줄고 공급도 준다. 주택 가격이 내려갈지 아니면 올라갈지

264

는 수요와 공급 가운데 어느 쪽이 더 많이 줄어드는지에 따라 달라진다. 양도소득세 강화가 정부 바람대로 주택 가격을 잡는 데 효과를 거둘지 불확실하다는 뜻이다.

여기에도 확실한 점 하나는 있다. 수요도 줄고 공급도 줄므로 거래량이 크게 준다. 이로 인해 주택 경기가 위축되고 부동산 중개소와 관련 종사자들의 소득이 감소하는 부작용이 나타난다. 그래서 정부는 양도소득세를 마음껏 강화하기 힘들다.

이번에는 보유세를 생각해보자. 보유세도 전가의 보도가 아니다. 누구나 자신의 집에서 살고 싶은 것이 인간의 기본 욕구 가운데 하나인데, 그 집을 보유하고 있다고 세금을 늘리면 반발이 심해진다. 정권의 인기가 하락할 우려가 있다.

고가 주택을 보유하고 있는 사람이라도 별다른 소득 없이 수십 년 동안 집 한 채를 갖고 노후를 보내고 있는 사람에게는 보유세 강화가 더욱 치명적이다. 부동산 투기를 위해 집을 갖고 있는 게 아니니 매우 억울할 수밖에 없다.

참고로 현재 우리나라의 보유세 부담은 OECD 평균보다 작다. 반면에 거래세 부담은 OECD 평균보다 크다.

세상에는 참으로 다양한 종류의 세금이 있다. 우리나라에 있는 세금은 25종에 이른다. 그래서 어떤 기준을 사용하느냐에 따라서 세금을 다양하게 분류할 수 있으며, 인구에 회자되는 세금 관련 명칭도 많다. 거래세와 보유세의 구분은 그 가운데 하나일 뿐이다.

누가 세금을 징수하는지에 따라서 세금을 분류하는 방법도 가능하다. 세금은 정부가 징수하는 게 아닌가? 정부말고 또 누가 세금을 징수할 권리가 있나? 물론 세금은 정부만 징수할 권리를 갖고 있지만 현대 사회에는 우리가 속한 정부가 여러 개다. 크게 보면 중앙정부와 지방자치단체가 있다.

중앙정부, 즉 국가가 징수하는 세금이 국세다. 반면에 지방세는 지방자치단체(시, 군, 구)가 관할 구역 내의 주민에게서 징수하는 세금이다.

국세는 다시 내국세와 관세로 구분된다. 국내에 있는 물건에 대해서 부과하는 세금이 내국세이며, 외국으로부터 수입하는 물건에 대해서 부과하는 세금이 관세다.

목적세라는 세금도 있다. 특정한 목적을 달성하는 데

필요한 경비를 충당하기 위해 부과하는 조세다. 우리나라에서는 교육 부문에 지출하기 위해 걷는 교육세, 농어촌 지역을 개발하는 사업에 사용할 수 있는 농어촌특별세 등이 있다.

이 외에도 이미 살펴본 것처럼, 세금 부담 정도를 기준으로, 누진세와 역진세로도 구분할 수 있다.

직접세와 간접세

나도 모르게 세금이
빠져나가고 있어요!

돈은 내가 냈는데 생색은 남이 내네?

세금의 종류를 한 가지 더 생각해보자. 간접세와 직접세
의 구분이다.

큰마음 먹고 최신 스마트폰을 구입했다. 가격은 자
그마치 110만 원. 소비자가 지불한 110만 원에는 스마트
폰 매장의 수입이 될 100만 원 외에 부가가치세 10만 원
이 포함되어 있다. 또 햄버거 가게의 메뉴판에 햄버거 가
격이 5,500원이라고 적혀 있어 주문했는데, 영수증을 보
니 햄버거 가격이 5,000원이라고 인쇄되어 있다. 나머지

500원은 부가가치세다.

우리나라의 부가가치세율은 흔히 알다시피 10퍼센트다. 누가 이 부가가치세를 부담하며, 누가 세금을 정부에 납부할까?

스마트폰을 구입한 사람이 부가가치세 10만 원을 부담한 것이다. 세금을 부담하는 사람이라는 뜻으로 담세자라고 부른다. 즉, 담세자는 물건을 사는 소비자다.

스마트폰 매장 주인은 우리에게서 받은 세금을 차곡차곡 모아서 정부에 대신 납부한다. 정부에 세금을 납부하는 사람을 납세자라고 한다. 상인은 부가가치세의 납세자

가 된다.

이처럼 부가가치세의 경우 세금을 실질적으로 부담하는 담세자와 세금을 정부에 납부하는 납세자가 다르다. 이런 종류의 세금을 간접세라 한다. 간접세의 경우, 담세자와 납세자가 다르므로 우리도 모르는 사이에 세금이 우리의 지갑에서 빠져나가 정부의 금고로 들어간다.

담세자와 납세자가 일치하는 세금도 있다. 예를 들어 우리가 살고 있는 집에 대해서 부과되는 재산세가 그렇다. 집을 갖고 있는 사람이 재산세를 부담할 뿐 아니라, 직접 납부한다. 담세자와 납세자가 일치한다. 담세자와 납세자가 같은 세금을 직접세라 부른다. 재산세 말고도 소득세, 법인세, 상속세 등이 모두 직접세에 해당한다.

영수증, 꼭 받읍시다!

평소 의심이 많은 사람이라면 이런 생각도 해볼 것이다. 혹시 스마트폰 매장 주인이 내가 낸 세금을 정부에 성실하게 납부하지 않으면 어떻게 되지? 물건을 사면서 상인에게 준 부가가치세가 국세청에 잘 전달되었는지를 일일이 확인하는 소비자는 없으므로 충분히 품을 수 있는 합리적 의심이다.

담세자와 납세자가 다른 간접세의 경우 실제로 이런 문제가 발생할 소지가 있다. 상품을 파는 상인의 양심을 믿는 것이 가장 이상적인 방법이지만, 불행하게도 이 이상적인 방법은 실현되지 않기도 한다. 실제 매출액보다 적게 신고해 세금을 적게 내는 탈세 소식이 신문에 종종 등장하지 않던가.

이러한 탈세를 막을 수 있는 좋은 방법이 영수증 받기다. 거래가 이루어질 때마다 상인이 영수증을 발급하고 고객이 그 영수증을 반드시 챙긴다면, 매출액이 전부 국세청에 의해서 포착되고 고객이 지불한 부가가치세가 전액 정부에 납부된다.

왜 간접세 비중을 줄이지 못할까?

앞에서 살펴본 것처럼 부가가치세 같은 간접세는 역진세의 성격을 띠고 있다. 그러므로 조세를 통해 소득의 재분배를 개선하려면 정부는 전체 세금 가운데 간접세가 차지하는 비중을 줄이는 것이 좋다.

정부도 이런 사실을 잘 알고 있다. 하지만 간접세 비중을 줄이는 데 어려움이 많다. 어떤 어려움일까? 간접세를 줄이면 그만큼 직접세를 더 많이 거두어야 나라 살림을 유지할 수 있는데, 직접세를 늘리는 일이 말처럼 쉽지 않다.

직접세를 징수하려면 많은 어려움이 따른다. 자신의 소득을 숨기거나 축소하려는 사람들이 있으므로, 정부는 숨겨진 소득을 찾아야 하는 술래가 되기 일쑤다. 그런데 이 술래잡기에서 정부가 이기기란 만만치가 않다. 그 많은 사람의 소득을 일일이 정확하게 포착하기는 어렵다.

또 간접세에 비해 직접세는 조세 저항이 심하다. 부가가치세가 부과되면 소비자들은 별다른 저항 없이 물건을 구입하고, 세금을 자동적으로 그리고 무의식적으로 납부한다. 그러나 재산세가 부과되면 세금이 너무 많다며 불만이 속출한다. 만약 직접세를 늘리려고 재산세율이나 소득세율을 조금이라도 올리려 하면 국민들은 심하게 반발하고 정부를 비난한다.

현재 우리나라에서는 연봉이 2000만 원 정도 되는 근로자는 소득세를 거의 내지 않는다. 이런저런 명목으로 소득이 낮은 사람들의 세금 부담을 면제해주는 정책의 결과다. 직접세 비중을 높이려면 이들에게도 세금을, 조금씩이라도 내도록 요구해야 한다. 하지만 어느 정부가 유권자들을 포기하고 과감하게 이 정책을 도입하려 하겠는가.

이런 이유들 때문에 정부는 간접세에 의존하는 경향이 있다. 자동차나 모피 같은 고가품에 대해서 개별소비세라는 별도 세금을 추가로 걷는 쉬운 방법을 선택한다. 상대적으로 여유 있는 집단에 세금을 부과하는 것이므로 반발도 덜하고 명분도 챙긴다.

부가가치세를 면제해드립니다!

우리는 재화를 살 때 또는 서비스를 이용할 때 예외 없이 부가가치세를 내고 있다. 몇천 원짜리 옷을 사더라도, 분식점에서 라면을 먹더라도, 심지어 문방구에서 지우개 하나를 사더라도 부가가치세는 끈질기게 따라다닌다.

저승사자 같은 부가가치세도 면제가 되는, 아주 특별한 품목이 있다. 정부가 기초생활필수품이라고 판단하거나 국민 후생과 직결된다고 규정한 몇 개의 재화 및 서비스가 여기에 해당한다.

예를 들어보자. 시내버스나 전철 등 대중교통을 이용하는 요금에는 부가가치세가 붙지 않는다. 그나마 다행이다. 농축수산물에도 부가가치세를 면제해준다.

정부가 이와 같이 부가가치세 면세 제도를 도입한 배경은, 부가가치세가 지니고 있는 역진성 문제 때문이다. 역진성을 조금이라도 완화하기 위해서 서민들에게 없어서는 안 되는, 이른바 기초생활필수품에 대해서 부가가치세를 면세해주는 것이다. 미가공 농축수산물, 수돗물, 연탄, 여성용 생리처리 위생품, 지하철, 시내버스 등 여객운송 서비스 등이 부가가치세 면세 대상 품목이다.

그렇다고 그 범위를 넓혀 많은 품목을 면세해주면, 정부의 부가가치세 징수액이 줄어든다는 문제가 있다. 그래서 정부는 면세해주는 품목을 매우 예외적으로 정해놓고 있다. '모든 농축수산물'에 부가가치세를 면제해주는 대신에 '미가공 농축수산물'로 그 범위를 한정하고 있는 것도 그 때문이다.

예를 들어, 국내에서 생산된 미가공 배추는 부가가치세가 붙지 않는다. 하지만 외국산 배추에는 부가가치세가 부과된다. 국내산이어도 배추를 공장에서 가공해 포장 김치로 만들면 역시 부가가치세가 과세된다.

지하철이나 시내버스는 부가가치세가 면제되지만, 고속시외버스, 택시, 고속철도, 여객선, 항공기 등에는 부가가치세가 부과된다. 또한 책, 신문이나 잡지, 예술 또는 문화

274

행사, 미술관이나 박물관 입장료 등에도 부가가치세가 부과되지 않는다.

과연 솔로몬의 해법이 가능할까?

우리나라는 술에 대해서 많은 세금을 부과하고 있다. 특히 주세라는 이름으로 술에 세금을 추가로 부과하고 있다. 주세를 통해 걷고 있는 세금이 매년 3조 원이 넘는다. 이 외에 술 한 병에는 교육세도 부과되며, 다른 물품과 마찬가지로 부가가치세도 어김없이 붙는다. 그래서 술은 세금 덩어리라는 별명이 어색하지 않다.

주세는 비단 우리나라뿐 아니라 많은 나라에서도 부과하고 있다. 하지만 우리나라의 주세는 다소 특이해서 언론에 자주 등장하며 논쟁의 중심에 서곤 한다.

대부분의 국가는 알코올의 양에 비례해서 주세를 부과한다. 전문 용어로 이를 종량세라고 한다. 양에 따라서 부과하는 세금이라는 뜻이다. 알코올 함량이 많은, 즉 도수가 높은 술일수록 세금이 많이 붙는다. 도수가 높은 술의 가격을 더 비싸게 해서 소비량을 줄이려는 취지에서 부과한다.

이에 비해 우리나라에서는 종가세, 즉 제조원가에 따라

서 주세를 부과한다. 술을 만드는 원가가 비쌀수록 세금이 많이 붙는 체계다. 고급술일수록 제조원가가 비싸기 마련이므로, 비싼 술을 마시는 사람은 세금을 더 많이 부담할 형편이 된다는 생각에서 채택한 결과다.

이 정책이 채택될 당시 초점이 되었던 술은 맥주였다. 맥주는 소주보다 고급술에 해당되었으므로 소주보다 세금을 더 많이 부과하는 것이 사회적으로 용인되었다. 참고로 1970년대에 맥주에 적용된 주세율은 무려 150퍼센트로서 소주 주세율 72퍼센트보다 두 배 이상 높았다. 이후 맥주가 대중화하면서 맥주 주세율도 72퍼센트로 낮아졌지만, 맥주의 제조원가가 소주보다 높아 도수가 훨씬 낮은 술임에도 불구하고 주세가 여전히 더 많이 부과되고 있다. 더욱이 사람들의 소득이 많아지면서 이제 맥주는 더 이상 고급술이 아닌, 서민의 술이 되었다. 우리나라 사람들은 소주보다 맥주를 더 자주 마신다는 조사 결과도 있었다. 그럼에도 여전히 맥주에는 소주보다 훨씬 많은 세금이 부과되고 있다. 따라서 이는 불합리하다는 지적이 여기저기서 제기되고 있다.

정부 역시 주세 개편의 필요성을 느끼고 있다. 종가세에서 종량세로 개편하는 방안도 검토 중이다. 소주, 맥주, 탁주, 과실주 등 술끼리 서로 경쟁하는 관계에 있으므로 어떤 개편 방안이 나오든지 누구는 유리해지고 누구는 불리해질 텐데, 불만족을 최소화할 수 있는 솔로몬의 해법이 나올 수 있을까?

세금은 왜
꼭 내야 할까?

소비자는 봉이야!

조세법률주의에 의해, 세금은 법에 명시된 대로 국민에게 부과된다.

우리나라에서는 담배에 대해서 부가가치세 외에 여러 가지 이름의 세금을 추가로 부과하고 있다. 개별소비세라는 세금도 그 가운데 하나다. 담배 가격이 비싸지면 소비량이 감소한다는 경제 원리에 의존해 우리나라 사람들의 흡연율을 줄이려는 취지에서 도입되었다. 현재 4,500원인 담배 한 갑에는 개별소비세 594원이 포함되어 있다.

정부가 개별소비세를 더 올리기로 했다고 가정해보자. 그렇다면 추가된 세금은 누가 부담할까? 담배 제조업체, 즉 생산자가 부담할까? 아니면 담배를 피우는 소비자가 부담할까? 만약 담배 제조업체가 늘어난 개별소비세만큼 담배 가격을 고스란히 인상한다면, 소비자가 그 세금을 부담하는 꼴이 된다.

이런 일이 가능할까? 그럴 수도 있고 그러지 못할 수도 있다. 그 답은 담배 가격이 인상되었을 때 소비자들이 수요량을 얼마나 줄이는지에 달려 있다.

만약 담배 가격이 인상되더라도 소비자들의 수요량이 거의 줄어들지 않는다면(앞서 이를 수요의 가격탄력성이 작다고 표현한 바 있다), 담배회사는 비교적 마음 놓고 가격을 인상해 소비자에게 부담을 대부분 떠넘길 수 있다.

그러나 반대의 상황도 가능하다. 만약 담배 가격이 오를 때 소비자들이 예민하게 반응해 수요량을 많이 줄인다면, 즉 수요의 가격탄력성이 크다면, 담배회사는 가격을 마음대로 인상하기 어렵다. 소비자들이 사지 않기 때문이다. 이런 경우에는 담배회사가 할 수 없이 세금의 상당 부분을 부담해야 한다.

결국 시장에서 소비자들의 힘이 약하고 어쩔 수 없이 구매해야 하는 제품이라면, 기업은 늘어난 세금의 대부분 또는 전부를 소비자에게 떠넘길 수 있다. 반면에 소비자들의 선택권이 강하고 기업끼리의 경쟁이 치열한 시장에서는 기업이 세금을 소비자에게 떠넘기지 못하고 대부분 스스로 부담한다. 어떤 쪽이 맞는지는 수요의 가격탄력성이 그 열쇠를 쥐고 있다.

아파트에 부과된 세금, 누가 낼까?

이 원리는 주택에 대해서도 그대로 적용된다. 정부가 부동산 투기 억제 대책의 일환으로 일부 투기 지역에 대해 세금을 큰 폭으로 인상하는 경우가 있다고 이미 앞에서 설명한 바 있다. 예를 들어서 10억 원짜리 아파트를 보유한 사람은 아파트를 팔 때 이전보다 5000만 원의 세금을 더 내야 한다고 하자. 이 5000만 원의 세금은 아파트를 파는 사람이 부담할까? 아니면 사는 사람이 부담할까?

역시 해답은 아파트 수요의 가격탄력성에 달려 있다. 인기 있는 지역의 아파트라면 항상 초과 수요가 존재한다. 즉, 아파트를 사려는 사람이 항상 대기하고 있어 파는 사람이 사는 사람보다 우월한 힘을 가지고 있다. 이런 시장에서는 판매자가 추가로 부과된 세금 5000만 원을 아파트 가격에 얹어서 비싸게 팔 수 있는 힘을 지닌다. 아파트 가격이 10억 원에서 10억 5000만 원으로 오르고, 결국 세금은 아파트를 사는 사람의 부담이 되고 만다.

전세의 경우에도 이와 비슷하다. 집을 여러 채 보유하면서 전세나 월세를 놓고 있는 다주택자에게 정부가 곱지 않은 시선을 보낸다. 누구는 집이 없어 전세나 월세를 전전하는데, 누구는 여러 채의 집을 갖고서 툭 하면 임대료를 올려 집 없는 사람들에게 고통을 준다고 몰아붙인다.

이런 사람들을 대상으로 정부는 전세나 월세로 받는 돈에 대해서도 세금을 강화하는 정책을 쓸 수 있다. 그렇지만 정부 뜻대로만 움직이지 않는다. 집주인은 세금이 늘어난 만큼 다음번 계약할 때 임대료를 올려 받아 세입자에게 그 부담을 넘길 수 있다. 물론 인기 지역, 즉 수요의 가격탄력성이 작은 지역의 경우에 한한다.

음식점에서 담뱃값을 미리 받는 이유

흡연이 건강에 좋지 않다는 것은 누구나 아는 상식이다. 그래서 담배 이야기를 하는 것이 즐겁지는 않지만 담배를 피우는 사람이 여전히 있기에 무작정 언급을 피하는 것이 상책은 아니다. 이번에는 담배와 관련된 흥미로운 현상 하나를 보자.

음식점을 찾는 손님 중 담배가 떨어져 새로 사려는 사람들이 종종 있다. 그런데 음식점은 담배를 파는 허가를 받지 않았다. 우리나라에서는 사전에 허가 받은 업체만 담배를 팔 수 있다. 그래서 식당 주인이나 종업원은 손님을 대신해서 편의점으로 달려가 담배를 사다 준다.

이때 특이한 사항은 담뱃값을 미리 계산해달라고 요구한다는 점이다. 손님 입장에서는 음식점을 나갈 때 음식 값과 함께 한꺼번에 계산하면 편하다. 식당 주인도 이 점을 잘 알고 있다. 그럼에도 식당은 왜 귀찮게 담뱃값에 대해서 선불을 요구할까? 손님이 잊어버리고 그냥 가거나 담뱃값을 내지 않고 도망갈까 봐?

그럴 가능성이 전혀 없지는 않지만 이 현상에 대한 해답 역시 세금과 관련이 있다.

세금을 부과할 때 '이중과세는 피한다'는 원칙이 있다. 같은 물건이나 같은 소득에 대해 두 번 세금을 거두면 안 된다는 뜻이다. 범죄에서 이중처벌 금지의 원칙처럼 당연히 지켜야 하는 원칙이다.

282

만약 담뱃값을 음식 값과 함께 계산하면 담배에 대해 세금을 두 번 납부하게 된다. 음식점이 편의점에서 담배를 살 때 이미 부가가치세를 냈다. 그리고 음식 값에 담뱃값을 추가하면 음식점에 담배의 부가가치세를 또다시 내게 된다. 이중과세를 피해야 하므로 담뱃값을 음식 값에 더해 계산하면 안 된다.

음식점은 담배를 '팔지' 않았다. 단순히 손님 심부름을 해주고 '전달해주었을' 뿐이다. 그러므로 담뱃값은 음식점의 매출이 아니다. 그럼에도 음식점의 매출로 잡히면 법적으로 담배를 판매한 셈이고, 이는 업종 위반이라는 법적 문제의 소지도 있다.

설령 단속이 되지 않더라도 음식점의 매출이 늘어난 채로 국세청에 신고된다. 하지만 음식점 매출 규모가 커져서 세금 부담이 늘어날까 봐 주인은 예민해진다. 이때 담뱃값을 선불로 계산하면 모든 문제가 속 시원히 해결된다.

사람이 살아가면서 피할 수 없는 두 가지

어느 나라든지 세금을 충분히 걷는 것이 국가를 운영하기 위한 전제 조건이다. 세금이 충분히 걷히지 않는다면 정부가 일을 제대로 할 수 없다. 그렇지만 국민의 입장에서 세금을 많이 내는 일은 반갑지 않다.

세금을 내는 사람의 입장에서는 자신의 소득도 넉넉하지 않은데 세금을 더 내라니 설상가상이다. 또 자신이 내는 세금만큼 국가가 자신에게 해주는 것이 없다고 불평하는 사람들도 많다. 마음이 내키지 않아도 한 국가의 국민은 세금을 납부할 의무를 지닌다.

우리나라는 헌법 제38조에 "모든 국민은 법률이 정하는 바에 의하여 납세의 의무를 진다"고 명시해놓음으로써 세금을 피할 수 있는 국민은 없다고 선언하고 있다.

한 국가의 국민이 부담하는 세금이 얼마나 되고 다른 국가에 비해 세금이 얼마나 과중한지 등을 파악하기 위해 조세부담률이란 지표를 사용한다. 국민이 부담하는 각종 세금 총액을 그 나라의 국내총생산으로 나눈 비율이다. 2017년 우리나라 조세부담률 수치는 19.9퍼센트였다. 국민 1인당 1년에 690만 원을 각종 세금으로 냈다. 4인 가족이라면 1년에 약 2800만 원의 세금을 이런저런 명목으로 낸 것이다.

우리나라의 조세부담률은 지속적으로 상승하고 있는 중이다. 복지 지출이 증가하면서 정부가 세금을 많이 걷고 있

미니멀 경제학

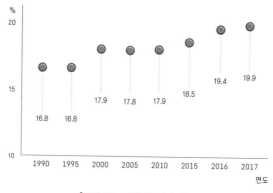

[우리나라 조세부담률 추이]

는 탓이다. 복지 수요가 감소할 리 없으므로 앞으로도 이러한 추이는 지속될 것으로 보인다. 조세부담률이 낮아지기는 힘들다는 뜻이다.

탈세는 공익을 해치는 악덕이자 불법

세금과 관련해서 시중에 회자되고 있는 우스갯소리를 하나 소개한다.

태어났더니, 주민세
살아 있을 때 자식에게 줬더니, 증여세

죽었더니, 상속세

피땀 흘려 노동했더니, 근로소득세

월급쟁이 못 해서 회사 차렸더니, 법인세

아껴 쓰고 저축하니, 재산세

장사하려고 차 샀더니, 취득세

힘들어서 한 대 물었더니, 담뱃세

퇴근하고 한잔 했더니, 주세

북한 때문에 불안하니, 방위세

더 길게 이어지지만 여기에서 그만 멈춘다. 단, 마지막 부분이 압권이다.

좀 있는 양반들은, 탈세

탈세는 공공의 이익을 해치는 악행이자 불법행위다. 세금이 부담스럽더라도 탈세는 생각조차 하지 말자. 그래서 케네디 전 미국 대통령은 세금을 '시민이 되기 위해 내야 하는 연회비'라고 정의했다.

286

보이지 않는 손과
보이는 손

시장 경제와 계획 경제

개미와 베짱이 이야기는 누구나 알고 있다. 생뚱맞게 왜 개미와 베짱이 이야기를 하냐며 의아해할 사람이 있겠지만, 그 이야기는 우리가 살고 있는 현실 세계와 매우 비슷하다. 그러니 이솝이 우화의 소재로 삼았으리라.

개미는 열심히 일하고 베짱이는 게으름을 피운다. 누구의 간섭도 받지 않고 각자 자유의지로 행동을 선택했다. 그 결과 개미는 추운 겨울에도 편안하게 잘 지내지만 베짱이는 불행한 시간을 보낸다. 둘 사이에는 빈부의 격차가 나타난다.

우리가 살고 있는 현실 경제의 모습하고 쏙 빼닮았다. 시장 경제market economy는 많은 개인과 기업이 자유 의지로 선택을 하고 이들의 선택이 상호작용을 하면서 경제 문제에 대한 해답을 찾는 경제 체제다.

시장 경제에서는 경제 활동을 하는 소비자(가계)와 기업이 좋아하는 일을 하고 원하는 상품을 소비 또는 생산할 수 있다. 정부가 이래라 저래라 하지 않는다. 선택을 합리적

미니멀 경제학

으로 한 소비자는 효용을 크게 늘릴 수 있고 합리적 기업은 이윤을 챙길 수 있지만, 잘못된 선택을 한 소비자나 기업은 낭패를 본다.

이러한 시장 경제 체제에 몇 가지 문제점이 발생할 수 있는데, 빈부 격차로 몸살을 앓는 것이 그중 하나다. 그렇다면 정부가 경제 활동에 간섭하고 구체적으로 계획을 수립해 소비자와 기업에게 그에 따르도록 명령하면 빈부 격차 문제를 해결할 수 있을까?

역사적으로 시장 경제 체제에 불만을 품고 이런 시도를 한 국가들이 있다. 지금은 사라졌지만 옛 소련이 대표적이다. 옛 소련은 국가가 생산 수단을 소유하고 개인과 기업의 경제 활동을 일일이 통제하는 경제 체제를 도입했다. 이른바 계획 경제planned economy 또는 명령 경제command economy 라고 한다.

그러나 이 실험은 참혹한 실패로 끝났다. 소련은 해체되어 이젠 역사 속으로 사라졌다. 중국도 시장 경제 체제의 모습이 확대되고 있다. 가장 폐쇄된 북한에서조차 시장 경제의 기운이 싹트고 있다.

시장 경제와 계획 경제의 한판 대결, 그 결말은 어찌 보면 주말 연속극의 결말처럼 충분히 예견된 것이었다. 정부가 매사에 '감 놔라 배 놔라' 한다면 좋아할 국민이 어디 있 겠는가. 사람들은 자기가 하고 싶은 일을 할 때 가장 열심 히 하며, 창의성도 발휘된다. 그러니 시장 경제에서의 성과 가 좋을 수밖에 없다.

두 체제를 적당히 섞은 혼합 경제

이 세상에 완벽한 것이 있을까? 절세미인에게도 감추고 싶은 약점이 있다. 우리가 의존하고 있는 시장 경제도 완벽 하지는 않다. 다만 현재로서는 더 나은 대안이 없으므로 시 장 경제에 의존하고 있을 뿐이다.

시장 경제가 지니고 있는 단점이나 한계를 보완하려 고 정부가 두 팔을 걷고 나선다. 이처럼 시장 경제에 정부 의 역할을 적절하게 가미하는 경제 체제를 혼합 경제mixed economy라고 한다. '시장'과 '통제', 두 가지 요소를 모두 담 고 있는 경제 체제다.

순수하게 시장 경제에만 의존하는 국가, 즉 정부가 경제 에 티끌만큼도 개입하지 않는 국가는 없다. 정도의 차이는 있지만 정부가 일정 부분 가계와 기업의 경제 활동에 개입 한다. 사실상 이 세상의 모든 국가가 혼합 경제를 채택하고 있는 셈이다.

시장 경제에 근간을 두고 정부가 그 한계를 보완하려고 부분적으로 개입하는 체제를 시장 경제라고 부른다. 근간이 시장 경제에 있기 때문이다. 이와 달리 계획 경제에 근간을 두고 시장 경제의 특징을 일부분 도입하는 경제 체제를 계획 경제라고 부른다. 우리나라를 비롯해 이 세상 대부분의 국가는 전자에 해당한다.

정부 역할의 진화

정부가 시장에 개입하는 정도는 국가마다 다르다. 역사적으로도 정부의 경제적 역할이 커지고 작아지기를 반복해 왔다. 중세 유럽은 중상주의 시대였다. 국가가 부유해지려면 무역 흑자를 기록해야 한다는 논리가 지배하면서 서로 보호무역을 시도했다. 정부 역할이 지대했던 시기였다.

이에 반기를 든 사람이 애덤 스미스였다. 스미스는 중상주의의 보호무역, 제조업 길드의 독점권 등을 비판하면서 자유방임주의를 주장했다. 국가는 평화, 간단한 조세, 사회 정의 구현 등을 위해 활동하고, 나머지는 개인에게 맡기는 것이 사회 전체적으로 이득이 된다는 주장이었다. 이 주장은 지금까지도 경제학의 기본 철학으로 자리 잡고 있다. 그를 '경제학의 아버지'라고 부를 만하다. 그가 활동하던 당시는 시장 경제의 기본 틀이 다져진 시기였고, 반면에 정부 역할은 찾아보기 힘들었다.

1930년대 발생한 세계 대공황은 이러한 생각을 180도 바꿔버렸다. 시장에 맡겨두었지만 사상 최악의 대공황은 도무지 회복될 조짐이 나타나지 않았다. 이에 경제학자 케인스는 가만히 있지 않았다.

"시장이 문제를 해결해주기를 기다리다가 우리는 모두 죽고 만다."

정부가 직접 개입해서 대공황을 극복해야 한다고 주장하면서 케인스가 던진 말이다. 대공황으로 인해 수많은 사람이 생계를 위협받고 있는 위기인데, 언제까지 시장이 스스로 되살아나기를 소극적으로 기다리고 있느냐는 뜻이다.

케인스의 주장을 받아들여 정부가 실시한 적극적 정책들이 가시적인 성과를 드러내면서, 정부가 경제에서 중요한 역할을 할 수 있다고 믿는 사람들이 늘어났다.

이른바 '보이는 손visible hand'이 화려하게 경제 무대를 지휘했다. 이는 애덤 스미스의 자유방임주의를 상징하는 '보이지 않는 손invisible hand'에 빗댄 표현이다.

그러나 1970년대 들어와 석유 파동이 발생했다. 묘하게
도 케인스의 처방으로도 이 현상을 극복하지 못했다. 그러
자 오랫동안 숨죽여왔던 시장 경제 신봉자들이 반격을 시
작했다. 역시 정부는 믿을 수 없고 시장이 최선이라는 주장
이 봇물처럼 쏟아졌다. 다시 정부 역할이 축소되고 자유방
임주의가 득세하기 시작했다.

역사는 반복되는 법. 2007년에 시작된 글로벌 금융위기
는 다시 자유방임주의를 위기에 빠뜨렸다. 정부가 자유방
임 정책을 전개한 결과 금융회사들이 자신의 이익만 챙겼
고 그 부작용으로 금융위기가 터진 것이라는 비판이 거세
졌다. 정부가 적극적으로 시장에 개입해 기업을 통제할 필
요가 있다는 목소리가 다시 힘을 얻었다.

앞으로도 정부 역할은 확대와 축소를 반복할 것으로 보
인다. 어찌 되었든 한 가지만은 분명하다. 시장 경제가 기
본이어야 하고, 정부는 필요할 때 개입하더라도 개인의 자
유와 창의성을 훼손해서는 안 된다.

시장 경제에서 최선의 결과를 얻기 위해 정부가 할 수 있는 역할 가운데 이견이 없는 핵심 역할이 몇 가지 있다.

첫째, 소비자와 기업이 자유롭게 의사결정을 하고 선택에 따른 결과를 누릴 수 있도록 적절한 사법 제도를 유지해야 한다. 이를 통해 사유재산권을 보호해주어야 하며, 자유롭게 체결한 계약이 제대로 집행되도록 보장해주어야 한다.

둘째, 정부는 소비자를 보호해주어야 한다. 공정거래법을 적용해 독과점 기업의 불공정 행위를 금지하고, 기업의 사기나 위험한 상품으로부터 소비자를 지켜주어야 한다. 기업의 자유로운 영업 활동이 공공의 건강, 환경, 안전에 반하는 경우에는 정부가 나서서 이를 규제해야 한다.

또한 정부는 국민들에게 두루 유용하거나 여러 분야의 기초가 될 수 있는 연구 개발을 지원해주어야 한다. 민간 기업이 생산할 수 없거나 민간 기업보다 더 잘 생산할 수 있는 재화나 서비스가 있다면 정부가 직접 생산해 국민들에게 공급할 필요도 있다. 예를 들어 국방, 교육, 환경보호, 사회간접자본 건설 등이다. 사회적 약자를 보호하기 위한 각종 사회보장제도 역시 정부의 보이는 손이 필요한 영역이다.

정부가 이런 일들을 하려고 걷는 돈이 바로 세금이다. 우리가 내는 세금이 이런 일들을 하는 데 낭비 없이 사용된다면, 모두가 세금 내는 것이 아깝지 않다고 생각하지 않을까?

미니멀 경제학 : 경제 개념과 원리 편

초판 1쇄 2011년 10월 14일
개정판 1쇄 2019년 12월 9일
2쇄 2022년 5월 8일

지은이 한진수

대표이사 겸 발행인 박장희
제작 총괄 이정아
편집장 조한별
마케팅 김주희, 김다은

기획·진행 콘텐츠와디자인홀 HOOL
일러스트 그림요정더최광렬

발행처 중앙일보에스(주)
주소 (04513) 서울시 중구 서소문로 100(서소문동)
등록 2008년 1월 25일 제2014-000178호
문의 jbooks@joongang.co.kr
홈페이지 jbooks.joins.com
네이버 포스트 post.naver.com/joongangbooks
인스타그램 @j__books

ⓒ 한진수, 2019

ISBN 978-89-278-1075-9 (03320)

- 이 책은 저작권법에 따라 보호받는 저작물이므로 무단 전재와 무단 복제를 금하며
  책 내용의 전부 또는 일부를 이용하려면 반드시 저작권자와 중앙일보에스(주)의 서면 동의를 받아야 합니다.
- 책값은 뒤표지에 있습니다.
- 잘못된 책은 구입처에서 바꿔 드립니다.
- 이 도서의 국립중앙도서관 출판예정도서목록(CIP)은 서지정보유통지원시스템 홈페이지(http://seoji.nl.go.kr)와
  국가자료종합목록 구축시스템(http://kolis-net.nl.go.kr)에서 이용하실 수 있습니다. (CIP제어번호 : CIP2019047693)

중앙북스는 중앙일보에스(주)의 단행본 출판 브랜드입니다.